# 目 录

## 开篇　传统激励系统与自驱动系统的差别

### 一、传统激励系统的四大死穴 / 2

只重业绩目标 / 2

分钱万能论 / 5

只关注员工利益账户 / 7

严格绩效考核 / 9

### 二、拉开个人和组织成绩差别的底层公式 / 13

业绩 = 能力 × 行动力 / 13

成果 = 能力 × 行动力 / 17

想要行动力，先解决人性的三大症结 / 20

### 三、自驱动系统，决定个人及组织行动力的三大核心因素 / 25

动力系统 / 25

逼力系统 / 27

愿力系统 / 29

华为是如何管理团队的 / 31

阿里是如何管理团队的 / 35

### 四、历史上的激励系统 / 38

岳飞是如何管理岳家军的 / 38

戚继光是如何管理戚家军的 / 41

曾国藩是如何管理湘军的 / 43

## 第一篇 动力系统

### 五、利益账户 / 48

底薪 + 提成——通过动力和逼力解决问题 / 48

考核——考核是工具，激励是目标 / 53

分红——从仪式感中激发员工"成就感" / 56

pk 对赌——如何用 PK 对赌彻底引爆团队 / 60

期股、虚拟股、实股——用未来利益激励骨干 / 63

### 六、前途账户 / 68

晋升机制——让员工从差距中找动力 / 68

学习机制——利益之外的个人成长 / 71

创业机制——辅助员工成为创业队友 / 74

### 七、情感账户 / 79

温暖机制——信任和授权，不怕员工犯错 / 79

荣誉机制——把员工当队友，不能当家人 / 81

感动——员工第一，客户第二 / 84

倾听和认同——员工心声讲的越多，情绪越少 / 86

## 第二篇　愿力系统

### 八、老板愿力 / 90

成就客户——先赢得客户，再考虑赚钱 / 90

成就员工——给别人一个追随你的理由 / 91

成就自己——老板的根基是梦想、信念和格局 / 94

敬天爱人——无我利他的企业家精神 / 96

管理情绪——喜怒不形于色 / 98

学无止境——做学习型的管理者 / 101

### 九、系统愿力 / 104

企业文化——凝聚人心的核心 / 104

共同目标——让公司利润大幅提升 / 106

知行合一——用结果说话 / 109

制度执行——要赏罚分明 / 111

战略规划——科学分解目标任务 / 116

维稳发展——锁定核心人才不流失 / 118

### 十、员工愿力 / 122

生理维度——不要把员工当机器 / 122

心理维度——让工作产生喜悦感 / 124

用人维度——培养高手不培养全能 / 126

权力维度——既授权又信任 / 130

梦想维度——让员工有归属感 / 132

赋能维度——尊重是最好的激励 / 135

# 第三篇　逼力系统

## 十一、考核机制 / 140

向钱看——薪酬激励最实在 / 140

定结果——考评要及时，兑现要迅速 / 142

危机感——积极引导促进良性竞争 / 145

淘汰制——末位淘汰激发员工潜力 / 147

优者胜——晋升激励劳有所得 / 151

激将法——巧用好胜心点燃员工斗志 / 154

## 十二、PK 机制 / 156

团队为什么要 PK / 156

PK 机制的运用 / 159

PK 方式都有哪些 / 164

PK 操作步骤和注意事项 / 168

## 十三、对赌机制 / 172

什么是对赌机制 / 172

对赌机制的运用 / 176

对赌机制，赌的是人性 / 179

**附录 / 183**

# 开篇
## 传统激励系统与自驱动系统的差别

# 一、传统激励系统的四大死穴

## 只重业绩目标

在我的培训课上，我经常向企业老板们问这样一个问题："办企业是为了什么？"多数老板在面对这个问题时都会不假思索地回答："为了盈利，为了赚钱，为了把企业做大做强。"这个回答在企业管理者眼里看来没有任何毛病。

在多数老板的眼中，企业的目标无非是两个方面的内容：一是如何做大做强，然后超过竞争对手，扩大企业业务在市场中的占有率；二是实现利润最大化，收益最大化。企业业务这样的认知和思维尽管使得企业领导者关注的重点对外放在了顾客身上，让顾客满意了，对内关注了业绩，让业绩蒸蒸日上了，然而同时却忽略了最重要的东西，那就是没有关注员工是否满意。要知道，任何利润和业绩都来自企业的整个团队，而不是某一个人，如果企业只重业绩目标，而不关心员工真正的需求，往往会出现"连自己的员工都服务不好,如何服务好客户?"这样的尴尬局面。

员工作为企业的被雇佣者,他们在进入企业的那天起也有自己的目标:首先就是干的活让自己舒心,挣的薪水让自己满意;然后就是跟着组织实现自我成长;最后是与企业一同展望未来,实现自我价值。

而传统激励系统之所以无法撬动员工的自主积极性和激情,原因就在于老板太注重业绩目标和公司的盈利目标,而没有注重员工的目标。

常言说得好,没有人会为了别人的目标而全力以赴。如果企业经营者的目标只盯着业绩,对员工的目标不管不顾,单方面希望员工自发自主地去为了老板的目标而全力以赴,这是违背人性的。

任正非说过,华为之所以发展得好,主要是因为钱分的好,华为认识到之所以有越来越多的人愿意加入这个企业,其中的一个因素是为了多挣钱,这是人的本性。所以,华为在激励每一个为之奋斗的人时,都承认这个本性。人的本性中都有自私等负面因素,所以激励的前提是要控制和减少这些负面的本性,不让堡垒从内部被攻破。所以,承认人的本性、激发人的本性积极一面、控制人的本性消极的一面这样的三位一体,在华为便是建立了"以奋斗者为本"的激励机制。

所以,传统的激励系统定目标时是先定业绩目标,而不是收入目标和员工的具体目标。没有人愿意成为一个朝九晚五领薪水的机器人,每个人的内心都有自己的真实需求,都希望找到存在的意义,能够影响他人和实现自我价值。只有让员工看到工作的意义,找到属于自己的目标,他们才会更投入,更具创新性,做事情才会更积极更高效。

如果企业领导和管理层帮助员工理解目标的真正意义就是让他们高效的工作，那为什么传统的激励方式在这点上却总是失效呢？那么多员工的士气依然得不到鼓舞呢？原因不仅在于管理者理解的目标和员工理解的目标不在一个频道上，还在于领导将目标灌输给他人是一件非常困难的事情。传播目标不是激励性的谈话，也不是鸡汤式的宣扬使命，越是夸大或打了鸡血的喊口号，往往显得不真诚，员工更不会买账。

如果领导利用一些行政的手段，利用权力性的影响，一厢情愿地把自己所制定的目标强压给下属，那么下属在口头和表面上接受了，但在心理和行为上则是抗拒的，即我可以接受，但是否能够完成这个目标就要另当别论，所以才会出现无论制定什么样的激励机制，最后都归于失效。

"目标"是一个宏大的词语。定目标是每家企业都会做的事情，但如何定目标才是需要不断学习和提升的事情。具体来说，需要让员工觉得这个目标不仅仅是老板预想的业绩，也是自己和整个公司的梦想，这样大家才会为了梦想去拼搏，才能产生真正的情怀和动力，从而转化为实实在在的生产力。如果企业管理者能够牢记这一点，并采取个性化、真实性且可持续的方法，才会取得成功。

## 分钱万能论

分配做得是否到位，会影响企业的成功和发展。对企业来说，如何进行利益分配，往往是难以把握的问题。

在传统组织的金字塔结构里，职位越高，权力越大，而位于金字塔底部的中、基层，权力就越小，甚至大部分没有任何权力，更多的是完成工作的责任。

传统企业在分配利益时一般只考虑两种情况：有权和无权。于是"权力"就成了被争抢的稀缺资源，有争抢就会暴露人性中的阴暗面、个人的野心、办公室政治、恐惧与贪婪。而无权力的大多数就只能要么顺从，要么愤恨。为了与上层抗争，底层权力开始结盟，从而会产生组织中强大的非权力团体，或组织中团队与高层冷抵抗，对工作采取消极冷淡的态度。

公司的中高管理层，不是不担心目标定得不合理，而是手中根本没有职务职权来影响目标的制定。比如副总多年分管技术、工程施工，没有一点商务经费支出权限，人事权限集中在董事长个人手中，一个基层作业的主管或组长调整都需要董事长批准；奖金分配权力，也全部是高层说了算。

如此一来，大家的所有精力都用在如何"夺权"上，而不在如何制定科学合理的经营目标上了。利益决定立场，如果利益分配不清，企业中的人又哪有精力去为企业的经营共同战斗呢？即使有一定的精力，也会用偏。

如果说企业中的权力是人人都想争抢厮杀的稀缺资源，是少数人才能拥有的游戏，那给大家分配肉眼可见的金钱不是更直接，更能满足更多数人的需求吗？这是分钱万能论的理念。然而人性是复杂的，就算分钱分到极致，也无法克服人性天然之懒惰和拖延，所以仅靠分钱，无法真正引爆全员！凡是只从分钱机制着手的做法，永远也无法彻底解决团队有效的凝聚力和战斗力问题！

给企业做培训时，经常听到不少企业管理者倒苦水："钱是分出去了，但公司业绩并未如预期般地实现高速增长，上至高管到下至员工，钱是拿了不少，但工作依然没有太多的激情。"还有不少企业热衷于激励机制的运用，老板在分钱的时候表现得也比较大手笔，但由于员工都这样摇身一变成了公司能够分钱的"合伙人"，拥有了主人翁意识和话语权，人人都想行使权力和发表意见，从而导致组织决策效率大打折扣。

由此可见，分钱万能论并不能推动企业绩效的高速增长，很多企业把钱分下去了，但绩效并没有高速增长。有些企业因为分钱导致治理效率下降，关注短期而忽视长期投资，甚至不少企业分钱分出了很多的"主人"出来，导致组织决策效率的下降。

虽然分钱万能论不是万能的，但不分钱的利益分配机制在企业中则是万万不能的。分钱作为企业的一种常用的激励机制，用得好，则能发挥出巨大的激励作用。然而，在分钱方面有时候不只是收入少的底层员工没有激情，收入高的中高层也会有所抱怨，比如他们会不满意浮动奖金的政策，本身中高层拿的底薪就不少，却依然不太满意，似乎是为了奖金才去奋斗。这个情况充分说明企业分钱模式的设计出了问题，所以，分钱是一个技术活，不容易。事实也的确如此，分钱容易，度难把握，要分钱给谁，怎么分，都非常考验管理者的水平。

## 只关注员工利益账户

我经常对企业管理者们讲："下属为什么会死心塌地跟着你们呢？根本原因是他们的需求得到了满足，他们感觉跟着你做事快乐，有价值，有盼头有奔头，要不然谁愿意拿青春跟你赌明天呢？"

我们都知道马斯洛提出的人类需求层次理论，其中提到人类的需求分成生理需求、安全需求、归属与爱的需求、尊重需求和自我实现需求5类，同时，人的需求有一个从低到高的发展过程，人只有在低层次的生理需求得到适当的满足后，自我实现等高层次的需要才会引起自身的关注。而这个需求理论是人类共同的特质，管理者如果能够满足员工的这些需求，才有可能让他们追随你。而传统的激励系统的第三个死穴，就是企业只关注员工的利益账户，也就是只关注员工的薪水问题，而鲜少能够去体察员工的其他需求。

钱虽然不是万能的，但却是每个人最基本的需求，没有人愿意干得多赚得少。话说回来，如果企业仅仅只把员工当成赚钱的机器，以为给予他们钱，他们就会卖力甚至卖命，这种理念和做法，在当今这个时代已经吃不开了。尤其随着"90后""95后"成为时代的主流，他们更具个性，更不会为了五斗米折腰，如果仅仅是关注他们的利益账户，肯定留不住员工的心。

现在的"90后"，一般都是家里的独生子女，他们不缺钱，起码不像上一辈人那么缺钱，为了钱什么苦都吃得下，所以，单纯靠工资激励是无法打动这些年轻人的。所以，除了金钱激励，还要关注他们内心的真实需求，现在的"90后"到底有哪些真实需求呢？

第一，他们需要学习和提升。因为现在"90后"刚刚毕业出来就想着去创业，即使愿意给企业打工，也不是为了进入国企那样一劳永逸的单位，他们需要不断提升自己，然后让自己有更大的发展空间。

第二，追求精神上的满足。人在不愁吃喝以后紧接着就是需要精神上的满足，之前的企业管理者管理员工时采用的是高高在上的管理风格，你是老板，他是员工，你让他做什么他就去做，而新生代员工在这点上他们更难管理，不是他们不懂事，而是他们的个性更张扬，需要更多的平等与被尊重，他们喜欢的团队氛围是像一个大家庭一样，好玩有趣并且需要老板的尊重，如果企业做不到这些，是很难留住他们的。

第三，追求自我价值的实现。未来新生代的员工他们懂得更多，接触的资讯更丰富，所以根本不会满足仅仅是能领到高的薪水，他们更希望实现自己在企业中的价值。

所以，如果企业还拿着老一套的管理模式来管理新时代的员工，只关注他们的利益账户，而不重视他们的其他账户，一定不能让他们全力以赴。因此，企业至少要给员工打造三大账户，比如经济利益账户、前途账户以及情感账户，只有这三个账户都得到关注，才会形成一套有效的动力系统。

未来的团队不单是一个学校，还得是一个军队，更像是一个家庭。学校的作用是让他们学习成长，军队的作用是让他们知道什么规则，家庭是去温暖他们，去照顾他们，去保护他们，然后企业管理者也要像老师、教练、家长那样，带他们去成长、历练，并且给予他们更多的情感关怀。

## 严格绩效考核

在当今社会中，绩效考核似乎成了每个企业的标准配置，经常听到老板说，这样要考核，那样要列入考核。凡是公司看到有问题的、不顺眼的、没人愿意做的，一律都说要考核，结果每月指标多达数十项。还有各种机械化的考核，比如财务要考核，内控要考核，客户要考核，员工要考核。可以说是把考核当成了金科玉律。但是这样严格而繁多的绩效考核，带来的结果却并不令人满意，反而令考核成了企业管理上的尴尬部分。

有一位老板问我:"包老师,我也知道企业成本要和员工收入挂钩,其实我一年前就让人事主管做过这个制度,比如考核营销经理的营销费用管控,但是没有效果,好像员工对此并不感冒。公司期望员工做的,与员工实际做的有很大偏差。怎么会这样?"我回答他,公司管理出了问题,一定是绩效出了问题。绩效考核本身没有问题,大多数出问题的是使用者不会用绩效考核。

绩效是现代管理学中的新名词,但绩效说白了,其实就是工作结果。对于工作结果来说,评价是很容易的,就两点,做到和没做到。大部分企业传统激励系统靠严格的绩效考核来达成结果是很难有良好结果的。因为,管理者的绩效考核只是为了给员工制造业绩的压力而设置的考核,而不是给员工增加完成业绩的动力进行的考核,二者有着本质的区别。

当前非常流行的考核模式 KPI,把目标定得高高的,员工一般程度的努力都是达不成这个考核目标的,必须是拼了命地往上蹦才有可能达成。我看到有一家企业,这三年的走势都是往下的,但是其考核指标,每年都是远远高于上期,使得员工们不得不疲于奔命,怨声载道。其实,员工反感的不是考核本身,而是只给压力、不给动力,奖励少扣罚多,只为公司着想不为员工谋利。企业在推行绩效考核前,必须要充分了解人性,遵循人性,很多员工其实不怕压力、不怕高要求严标准,怕的是努力之后还是一地鸡毛。

在利益不够,也未打通意愿的情况下,实施严格管理和绩效考核是非常错误的，即使员工表面接受这种考核制度，但内心根本不服，也起不到让他们自觉自愿去行动的效果。严格管理的前提在于，要么利益到位，要么意愿到位。管理好的公司其核心原因在于员工自愿被管理；管理差的公司核心原因在于员工不愿被管理，不愿被管的原因一般就两点：要么利益不到位，要么意愿不到位。

管理和考核其实都是人际沟通的范围，在人际沟通中，严格的风格和方式有时并不适合。严格压力太大，宽松进步太小，如何既能很严格，又能压力不过大呢？答案就是打通愿力。

愿力是什么呢？愿力就是员工愿意承担责任的动力。也就是说，员工学会承担责任的标志，就是企业要能够做到责任的下移和自我的管理。人只有被水烫过一次，才能学会保护自己。责任，就是为这件事情付出了代价，才学会了独立。在以前的十字路口，需要依靠交警来管理交通秩序，但是这样的模式最终却使得本该相互配合共同合作的司机和交警变成了对抗的双方，交警在与不在现场的情况完全是两个样子。然而现在的路口使用的都是红绿灯系统，一般都不会有交警来管理交通秩序了，那现在真正的管理者又是谁呢？其实现在的十字路口，真正的管理者是我们司机自己。每个司机都非常明确地了解交通规则，明确地了解自己的权利与义务，明白违章和事故之后自己所要承担的那份责任。管理也是这样，只要做到责任的下移，自我的管理，再多人的企业也能够维持基本的运转秩序。

然而我们当前的管理，往往是权力和责任都更依赖于领导，依赖于高管，这种状态一定要纠正和改变。在实际操作中有两个方法：一是结果设定。门往哪里开，人往哪里走，结果的设定就是开门，结果设定决定了行动的方向和策略的方向，在执行之前，必须要把结果生出来；二是责任所在。结果设定清楚以后，接下来的关键就是锁定责任。很多企业的领导经常会把相关的人员叫到办公室开会，一说就是个把小时，最后大家的脑袋都是懵圈的，于是经理就说就这么干吧，大家分头好好干，喊个口号就解散了。解散后，所有的人都在问自己：分头干，也没有告诉具体负责哪一块，可是领导都说了，那就先这样吧，或者回头再说。

就这样，经理以为分配下去各自的工作内容和相应的责任了，而大家听来听去却根本不知道自己要做什么，要负什么样的责。这就是没有进行责任的锁定。没有锁定责任等于人人都不用负责任，如果没有负责任的心态，那么绩效考核就是一纸空文。

在现实应用中，正是因为目的不清，权责不明，导致为了考核而考核，使考核变成了形式大于内容的事情。这样，不仅没有起到相应的激励作用，反而出现员工因绩效考核被扣发工资、管理人员因绩效考核占用大量时间和精力而产生不满情绪的尴尬局面。

## 二、拉开个人和组织成绩差别的底层公式

### 业绩=能力×行动力

开公司办企业，招员工培养骨干，这些都指向一个目标，那就是经营者要业绩。有业绩大家才会有饭吃，公司才能不断发展，梦想才能最终实现。而业绩来自哪里呢？无非来自两个方面：能力和行动力。这两个方面的内容是企业经营和员工发展的核心和基础。

一个人有能力是创造业绩的前提，但是有了能力却不付诸行动，那也是白搭，所以，想要业绩好，离不开能力和行动力的合力效应。

一个人在职场中有多重要，通常与他愿意担负的责任多少成正比。具有高度责任感的职业者，通常具备主人翁思维，愿当岗位主人翁，这样的思维是事业成功的基础。一个人能不能成功，关键在于他是否主动，无论是政治家、企业家，他们的一个共同特点就是都特别积极，特别主动。这种主动就是行动力。

哥伦布发现新大陆后，在一次庆祝酒会上，有一位贵族非常不屑地跟大家说："那没什么了不起的，任何人只要坐着船，一直往西，都能在海洋中遇到这样一块大陆。"

哥伦布听罢并没有半点不悦和尴尬，他从桌上拿起一个熟鸡蛋，问大家："你们谁能让鸡蛋小头朝下立在桌面上？"

大家用尽各种办法都没有成功。这时，哥伦布拿起鸡蛋，把小头往桌上一敲，鸡蛋立在了桌上。

他说："世界上有很多事情说起来非常容易，不过最大的差别就在于，我已经动手了，而你们却至今没有。"

这个故事说明一个浅显的道理，即便是再有能力的人，如果缺乏行动力，也会一事无成。行动力的重要性毋庸置疑，在行动的各个阶段，行动力都是直接创造业绩的重要能力（见图2-1）。

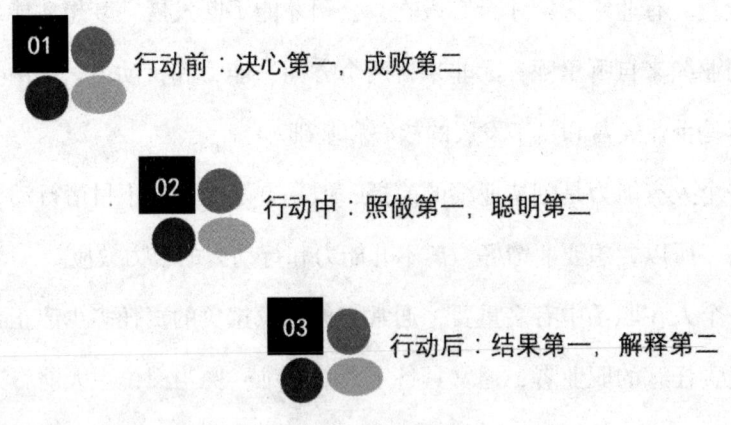

01 行动前：决心第一，成败第二

02 行动中：照做第一，聪明第二

03 行动后：结果第一，解释第二

图2-1 行动的阶段

追求好的业绩，离不开行动。假如有两个员工，他们的工资都是5000元钱，甲做了10件事，乙做了5件事，在这里他们每件事都一样，没什么质量的差别，在这种情况下，你们认为是甲赚到了还是乙赚到了呢？肯定是做10件事的赚到了。虽然他只拿5000元钱，他做了10件事，付出很多。但是一个人的收入除了工资、奖金、福利、分红、提成、年终奖、绩效、补贴等这些物质收入，还有精神收入，它包括能力的提升、经验的积累、个人的人脉以及个人口碑。精神收入和物质收入之和是一个人的总收入。那个越是积极行动的人，表面上看起来只是为公司提升了业绩，但实际上最终受益的是自己，是自己的收入和能力的双重提升。

企业中一般都有两种人：一种是老板给我多少钱我就干多少活，这叫仆人；另一种是我想赚多少钱，我就先干多少活，我是主人，我不受你影响，我绝对不会跟老板一般见识。给我5000元钱，我就干5000元钱的活，属于跟老板一般见识；老板给5000元钱，员工照样干50000元钱的活，如果干了50000元钱的活，老板不给50000元，说明老板不识货，员工可以选择换老板。

我一直对学员们讲，无论你是企业的管理者，还是一个打工仔，事实上都是在为自己工作，在用时间和结果证明自己是有价值的，值得别人投资和合伙。员工是在用自己的时间、能力跟公司合作，公司追求回报最大化，比如在甲身上投资5000元，回报了10件事的行动力，在乙身上投资5000元钱，回报5件事情的行动力。对老板来说在谁身上投资回报率更高一点？当然是在甲身上。既然在甲身上投资回报率高，老板愿不愿意在甲身上追加投资？再投资3000元钱好了，希望回报20件事情。于是在甲身上追加投资，甲就升值了，加薪了。发现投资乙回报率不高，别人做10件乙只做5件，对不起，老板不要你了，你就下岗了。所以，真正优秀的人一定要设法让别人有更高的回报，你让别人有更高的回报，其实就是为自己创造更高的回报，因为他觉得你回报率高，自然就愿意跟你合作。

除了行动力，能力也是业绩的关键。没有能力的人常常会说自己在一家企业兢兢业业，努力奋斗，就算没有功劳，也有苦劳，这绝对是一个错误的认知。有了苦劳没功劳说明无能，这样对企业发展没有任何意义。试想，一个员工每天来得最早走得最晚，但就是做不出成绩，这样的员工倒是有苦劳，但因为能力不足不仅得不到重用，还很有可能会被辞退。

在众多企业都追求业绩的今天，每个人都要发挥能力和行动力，做出业绩，找到自己的存在感。业绩不是某个部门的事情，不是销售的事情，也不是业务的事情，而是和每个部门的每个员工息息相关。办公室的业绩，就是为其他部门做好服务工作，做好管理工作；采购部门的业绩，就是用合理的价格及时买到质量有保障的物资；财务的业绩，就是为公司开源节流，管理好公司的财务状况，确保资金有效使用；工程的业绩，就是按照计划，节约成本，确保安全地使工程顺利竣工。当把这些任务都用特性值指标、可执行方案细分到每个岗位的时候，企业的业绩目标才算是制定完成。如此，整个企业才能整合成一个有机整体，朝一个方向努力。

## 成果=能力×行动力

每个领域都有优秀的人，无论是可望而不可即的企业家，还是我们身边的普通朋友，他们身上都有一些特别之处，都能做出让人惊讶的成就。这些在不同领域做出成就的人，他们靠的是比普通人更高的智商吗？不是！他们之所以能获得成就，也和能力与行动力脱不了关系。凡是做出成就的人，他们不一定家底殷实，也不一定聪明绝顶，但是为什么他们却能成功？仔细观察后你会发现，他们共同的特征就是行动力非常卓越！当别人还在空想的时候，他们早就开始行动了。我们常说能力决定你能走得多高，但行动力却决定你能走得多远。想要让企业中的每一个员工都做出自己的成就，那就需要对每个人进行"引爆"。

被点燃的人对成果与成功会有一个"我能行"的信念，一个人的信念直接影响他的心态，什么样的信念决定了什么样的心态，而心态又导致他会产生什么样的情绪和感觉，什么样的情绪和感觉又会导致他采取什么样的行为，什么样的行为直接导致什么样的结果发生。而最后发生什么样的结果，又会反过来影响和加强他原先的信念。

通常来讲，一个人取得成果有两个途径：一是精深长久地钻研某个领域，对这个领域的很多知识都非常清楚从而产出成果；二是当得知了某个领域的认知以后，通过积极行动去实践，最终转化成更成熟的经验。

曾有一位云游的禅师，某天在一个旅店歇脚。晚上躺在床上，听到隔壁一个人在唱歌。那人唱道："张豆腐，李豆腐，枕上思量千条路，明朝依旧卖豆腐。"意思是姓张的和姓李的两个卖豆腐的人，每天在外面卖豆腐很辛苦，晚上睡觉前在床上辗转反侧，思量着卖豆腐这么辛苦，明天是不是还干这个，是不是要改个行当。可是，明天一大早起来，还是得卖豆腐。

从这个故事里，我们发现张豆腐和李豆腐二人，天天想来想去，可是一直都是只想不做，永远也无法改变，所以只能是一直卖豆腐。

有行动才会有改变，没有行动永远也不会产生成果，更遑论成功。无论是组织的业绩还是个人的成果，都需要通过自我管理，以负责自律为基础，充分发挥组织和个人的能力和行动力来得以实现（见图2-2）。

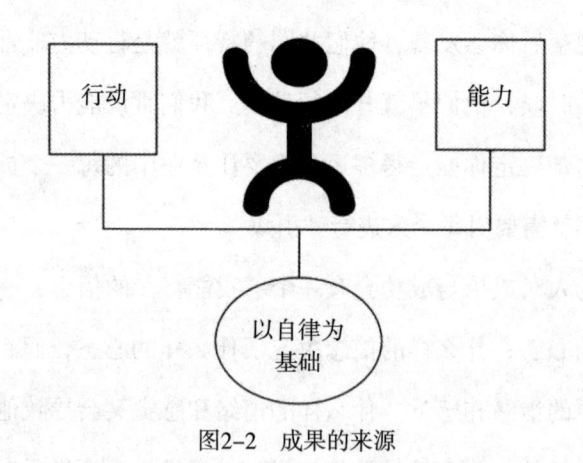

图2-2　成果的来源

举例来讲：

一个业务员达成的业绩，一个企业能拿到的市场份额，一个孩子的学习成绩，一个军队的作战能力，都跟两个因素有关系。第一个因素是他个人或者是组织的能力。第二个因素就是个人和组织的行动力。

在这两个因素中，究竟是能力更加重要，还是行动力更加重要？这个问题的答案，可以通过这样几个日常的观察来得到。比如，一个孩子非常聪明，学习力也很强，但他就是自控能力不足，自律能力不够，他的行动力不够。那么通常而言，这个孩子的学习成绩会怎么样呢？是很好呢？还是一般呢？相对而言，只要他的智商不是特别杰出的话，他的学习成绩也会一般。不是因为他不聪明，而是因为他的行动力大大落后于其他的人。

在企业中也经常会发现这样的人，无论学啥他们一学就会，脑子非常聪明，但就是因为懒，不自律，不好好奋斗，不好好努力，所以他们在业绩上的表现，工作上的表现，可能还比不上那些能力一般的、智商没有他高、各方面都没有他优秀的人。这个就是我们所说的能力和行动力对于一个人的人生成果、对企业组织成果的一个重要的影响。

通过观察和分析，还能得到这样的结论：能力主要是在短期层面上影响一个人的成果和业绩，但是从长期来讲，成果的差异大小主要取决于他的行动力。在日常生活当中，我们经常会看到有些人笨笨的，并不太聪明，能力也不算很强，但是因为他不断地努力，持续奋斗，尤其在某一个领域里边持续努力，持续精进，所以他的行动力远远超过一般人，那么在这个维度里面他就会越钻越深，最后成为这个行业里面最顶尖的人，远远超过那些早先能力比他强很多的人。

行动力有如此重大的影响力，那它本身又是受哪些因素来影响和决定的呢？在一个组织里是什么影响行动力呢？我们下面将要分析到这些问题的答案，一个人只要有动力、有愿力，再被逼迫一下，那么就会生出自律和行动力。

# 想要行动力，先解决人性的三大症结

其实有时候，无论是企业的管理者也好，员工也好，都知道行动力的重要性，但在真正实操的时候却往往又使不上力，最终表现出来的反而不是行动力，而是不想行动。那么，到底是什么决定了一个人的行动力？或者说，到底是什么阻碍了一个人，或者一个组织的行动力呢？

行动力不足，是绝大部分人或者组织的一个病症。所以，想要根治行动力不够的这个病，必须知道病根，也就是症结在哪里。

作为专门为企业开处方的人，我长期研究知名的大企业是怎样进行管理和激励，从而产出高效的行动力，包括阿里、华为怎么打造的这套系统。总结下来，优秀的领导人都从这三个维度来提升团队和个人行动力的，分别叫作动力系统、愿力系统和逼力系统。这三大系统可以说是真正的药方，这个药方对应了行动力缺乏的三大症结，而这三大症结究竟是什么呢？它们就是人性中的贪婪、懒惰和愿小（见图2-3）。

首先，我们来说自私和贪婪。古话说"无利不起早"，可想而知，利益这件事情是多么关键和重要。作为管理者，要深谙人性，人性中都有自私又贪婪的一面，员工是这样，老板也是这样。尽管如此，但你会发现，我们很多企业的老板压根是不懂人性的。老板可分为两类，一类是不懂人性的，还有一类叫作没有人性的。为什么说大部分老板不懂人性呢？我经常在开课的时候请教学员，我说你们今年的目标设定多少？有人说设定了 3000 万元，有人说 5000 万元，有人说 1 个亿，有人说 3 个亿、5 个亿、10 个亿……几乎人人都设定了目标。

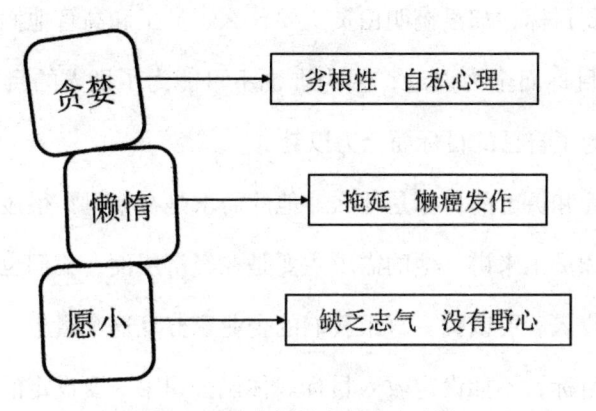

```
贪婪 ——→ 劣根性  自私心理

懒惰 ——→ 拖延  懒癌发作

愿小 ——→ 缺乏志气  没有野心
```

图 2-3 缺乏行动力的三大症结

我问他们，这些目标到年终能达成的多，还是达不成的多？大部分的企业都是达不成的多。我又问他们了，你们知道为什么你们老是达不成目标吗？下面很少有老板能接得上我这个话，或者说很少有人能理解为什么达不成目标。那么这个问题的核心在哪呢？核心就在于我们的老板根本不懂人性，或者说只是知识上懂了人性，但是在实践的过程当中没有去真正贯彻落实。

不管是 3000 万元、5000 万元的目标，还是 1 个亿、2 个亿、3 个亿、5 个亿的目标，这个目标是谁想要的呢？是老板想要的，还是员工想要的？很显然，不管多大的目标，都是老板和股东最想要的，不是员工也不是高层管理者想要的。员工会想"你定那么高的目标，我已经用尽了全力，才干出来 1 个亿，今年你还要 5 个亿，你这不是要目标，是要我们的命",所以大部分老板想要的目标,对员工而言,私下他们是抗拒的。这就是一个矛盾点,想要业绩和目标的是老板,但需要完成业绩和目标的却是员工团队。在这样的情况下,就会出现一个最普遍的现象,那就是老板快急死了,员工却不行动。这里的症结就是老板没有搞明白人性的问题,只知道自己要目标,却没搞明白员工要什么。员工和高管他们不会为了别人的业绩和目标而全力以赴,因为谁也不可能为了别人的目标而全力以赴,他只会为了自己的目标而全力以赴。

那么高管和员工的目标是什么?他的需求是在哪里?很显然,对于大部分的高管和员工来讲,他的需求主要是在经济层面,我们也可以换而言之,那就是收入。所以我一直跟我们的企业家分享这个概念,就是未来与其设定业绩目标,不如设定收入目标。你们公司第一要设定的绝对不是业绩目标,而是员工的收入目标。如果设定目标时,你要让员工把业绩翻一翻,他会跟你讲,我去年已经把吃奶的劲都用上了,才做了 2 个亿的业绩,今年你居然叫我做出 4 个亿的业绩、5 个亿的业绩,这个目标我是不可能达成的。

为什么员工会这样回答呢?因为在他内心里面,4 个亿、5 个亿是谁的目标?达成了是对谁好?满足了谁的自私和贪婪?很显然是满足老板的嘛!但是,如果你换个角度,你跟下面的高管说了,去年你赚了 100 万元,今年想不想赚 200 万元?不仅是只有你自己努力,老板也会帮助你一起全力以赴赚这 200 万元,你想不想要?你觉得他们想不想要?他们当然想要。让业绩翻番是没人想要的,但是让他的收入翻番,基本上是个人他都想要,这叫做人性。当企业赢利的时候,老板如果能够拿出足够的钱来奖励员工和高管，让他们感觉到自己赚钱了，他们才会觉得每年的业绩目标是跟自己有关的。

其次，是懒惰和拖延。很多老板听完"员工为了自己就会全力以赴"的动机机制后，以为只要把目标定为员工的就可以了，事实上远没有那么简单。如果人为了达成自己的目标全部都能全力以赴的话，那么人人都是完美的了。试问，谁不想自己变得更有钱一点？但是你愿意为你的有钱付出大的代价吗？其实很多人的心态都只是想要又不愿意付出大的代价。

在生活中，有很多这样的人，比如，每个孩子都希望自己的学习成绩变好，但是为什么却变不好呢？因为他改变不了爱偷懒、不专注、拖拉作业的毛病。还有这样的老板，他想让企业做大做强，我们每个老板当然希望自己企业变得更好，但是他够勤奋吗？够努力吗？够全力以赴吗？都做不到。

那么如果一个企业没有办法解决员工懒惰和拖延的毛病的话，员工的行动力肯定是不可能上来的，企业组织的整个行动力也是不可能上来的。所以你看，我们找到了第二个症结，就是人性天生的懒惰和拖延。不要说人为了自己的目标就会全力以赴的，每个人都有自己的目标，每个人都希望自己变好，但是他不一定愿意为此付出代价。要让一个人的行动力变好，就必须帮助他解决懒惰和拖延的毛病。

懒惰和拖延能不能靠个人的自觉来解决呢？正常情况下，如果你去尝试的话，会发现多数人是克服不了自己懒惰和拖延的毛病的，人只有在被逼无奈的情况下才能在一定时期内的一定情境下克服这两个毛病。所以，自身无法解决的问题，就要借助外力系统，因此这就需要企业有一套外力

23

系统能够帮助员工解决懒惰和拖延的毛病，这在后面我们会讲到。

第三个症结就是愿小和志小。我们说一个人的行动力跟他对自己的期待目标和要求是成正比的，他对自己的目标期待和要求越高，他的行动力就越强。反之如果他的目标期待和要求越低，他的行动力一定是越差的。

我经常在课堂上跟学员分享这个例子：有一个员工，他的目标是活着，另有一个员工，他的目标是活好，那这两个员工中的哪个员工的行动力更强？很显然，目标是活好的那个人，他的行动力一定会更强。还有个例子：如果有一个员工的目标是活好，另有一个员工的目标是想要出人头地，那么哪个员工会更卖力，更加全力以赴，行动力更强？很显然，那个想要出人头地的人，他的行动力通常会更强，想要出人头地的人，肯定比只想要活好的人要更加全力以赴。所以这点上请大家一定要注意。

总结来说，阻碍行动力发展的三大症结，第一个症结，自私和贪婪。如果我们不能满足员工的利益需求，你就不要指望他去真正帮你去做这件事情，他是做不到的。第二个症结是人性天然的懒惰和拖延。组织需要打造一套系统，帮助人们克服自己懒惰和拖延的毛病。第三个症结是很多人没有高远的志向，所以如果一个人的愿力和志向很小的话，一般会出现什么情况呢？就是他的行动力是不够的，他很难全力以赴地行动。如果我们要让一个人全力以赴地行动，我们一定要提升他对自己的目标期待和要求，就是提升他的愿力。换言之就是帮他转换脑袋里面的思维模式，一定要把他的思维模式升级到最高级。

所以，很多时候员工的行动力不够，其实就是这三个维度的病根。

## 三、自驱动系统，决定个人及组织行动力的三大核心因素

### 动力系统

阻碍人们高效行动和全力行动的三大障碍的病根找到了，下一步就是通过一套系统来解决这些障碍，针对第一个症结，需要的系统我们可以称之为动力系统。

什么才能让人产生动力呢？只有给员工切实的利益，才会让人产生动力，才会去积极行动。

我们参加工作，赚取工资，一方面能满足自己的生理需求，另一方面也在工作中实现了社交需求，工作的结果也能完成自我实现的追求。但工作本身又创造了对他人有用的价值，所以"利己"本身也是可以"利人"的，人类社会其实也是在每个个体的自我利益驱动下发展和进步的。

华为的领导者任正非曾经说过，企业管理最难的工作是如何分钱。在

企业自驱动系统：机制驱动团队自运营的奥秘

任正非看来，企业的核心竞争力不是人才，而是培养和保有人才的能力。企业持续发展的动力不是人才，而是利益分配。也就是说，好的利益分配机制，才是企业持续发展的动力。

当然，有不少企业管理者会说，我们都是小公司，哪有华为那样的实力可以给员工分钱。我们给不了员工切实的利益，又如何让员工产生动力，对他们产生激励呢？我一直强调，管理者真正要学习的不是方法，而是提升自己的思维和认知，如果大家能把思维打开，就会发现，能分的东西不仅仅是钱，还可以分权、分名。钱是资源，权利和名誉也是资源。

所以，这就是动力系统的真正内涵，它包括三大账户，分别是经济账户、前途账户和情感账户（见图3-1）。经济账户解决员工分配利益的问题，前途账户则是解决员工成长和发展的问题，情感账户解决的是员工内心深层次需求的问题，三者不分轻重，都一样重要。如果把这三个维度做好了，那么企业就拥有了一套行之有效的动力系统，就可以激发起员工真正的积极性，让他们在奉献自己能力的同时，也更有行动力，最后产生"企业有业绩，员工有成果"的双赢效果。

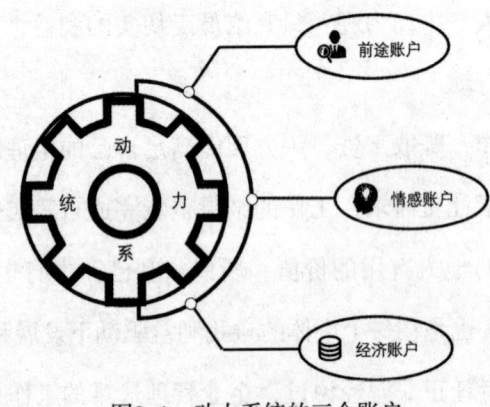

图3-1 动力系统的三个账户

## 逼力系统

针对第二个症结，也就是解决懒惰和拖延的系统，我们称之为逼力系统。有句话说得好，不逼自己一把永远不知道自己有多优秀。然而人性的弱点常使得自己明知道懒惰拖延是一个病，但自己却无法治愈，最终必须靠外力才能逼得自己去做出改变。当一个人无法做到自律的时候，他律就是帮助自己做出积极改变的最佳途径。逼力系统就是一套他律系统，比如通过绩效考核、PK 对赌等有形的形式来改善人们无形的拖延，从而达到通过外力来促进改变的目的。

前文中我们提到"利益和工资是员工产生动力的基础和根本"，但成长型的公司如果不顾一切来给员工加工资，试图激发员工的战斗力，以期获得高额利润那样反而有可能适得其反。要用一些智慧和手段去把员工的能力"逼"出来，然后根据他们创造价值的大小给予相应的薪酬回报。

很多成长型公司的老板，经常在员工的岗位职责都不清楚的情况下，就凭印象给员工涨工资。很多老板容易凭自己的经验，用拍脑袋的方式给员工涨薪。然而这种涨薪的方式最后换来的结果就是，其他员工都可以以此来向公司老板申请加薪。长此以往，公司的薪酬就没有科学依据，最后导致人工成本上去了，但是激励性却未能相应增加。所以，在定员工的薪酬之前，要先定好员工的责任。员工的责任加大了，工作量加大了，必然要涨薪。而且在涨薪的过程中，还要设置科学的对赌和PK规则，设计符合人性的绩效考核等等，通过这样的机制真正把员工的潜力发挥出来。

另外，管理不要一刀切，要把员工分为先进分子、中间分子和落后分子来不同对待。公司的发展和业绩不仅需要依靠先进分子，也要团结中间分子，最后还要改造落后分子，这样才能打造一个有着虎狼般战斗力的团队。再好的公司都会有这三种类型的员工，有的先进，有的落后，还有的处于中间的状态。怎样才能让他们都能积极行动起来呢？就是要将优秀的员工发展成为奋斗者，奋斗者每半年有一次破格加薪的机会，将来可以优先成为公司的三级合伙人。有了这样的机制之后，员工的工作动力和热情，就不是领导给的，而是自己自主自发的。员工希望得到升级，希望得到加薪，就要不断努力，成为公司的奋斗者、合伙人。正是因为有了这样的机制，公司每次给员工加工资，都能够激励所有员工。

这就是逼力系统想要的效果。

# 愿力系统

针对第三个症结——愿小和志小的问题，其解决的系统我们称之为愿力系统。愿力系统里面，我们会了解如何提升老板的愿力，提升员工的愿力，如何通过招聘的形式来提升员工的愿力，如何通过培训的形式来提升员工和组织的愿力。愿力来自目标，有了清晰的目标，才能立下愿景和志向，才能表现出更强大的行动力和执行力。

哈佛大学曾在学生毕业时做过调查：27%的人没有目标，60%的人目标模糊，10%的人有着清晰但比较短期的目标，其余3%的人有着清晰而长远的目标。大多数人属于调查中的60%这类目标模糊的情况。比如，我想赚钱，但不知道赚多少钱，只觉得越多越好。想买房子，但不知道是多大的房子，在哪里买，自己目前的收入水平怎样？房子可以是30万元的，也可以是300万元的，甚至是3000万元的，差距很大，目标不清。

想赚更多的钱，想过上好的生活，想找到好的老婆，想嫁个好的男人，想买部车子，这些都是想法，没有明确的计划，目标最后只能向下归类。什么叫向下归类？假如你买个房子，即使实现了，房子都是最低条件。你想买部车子，那车子是最差的车子，你没一个明确的目标，你没有做计划，所以你的行动是没有方向的。让你的目标清晰，行动有方向，这很关键。所以，成功等于达成我们的预期目标。如果有非常清晰的短期目标，未来三年，规划个人经济能力、实现目标的手段和途径。当这个目标三年后实现了，我们再去做下一个三年的规划，这样就是清晰地规划目标并实施。

目标从来不是一个数字，而是人一生的修炼……

在现实生活中，我们对于生活的激情全部来自目标的追求：有的人是为了成就事业而坚持，在商场上忘我地打拼；有的人是为了让儿女上学能够背上一个新书包，起早贪黑卖茶叶蛋。不管目标是什么，也不管目标的大小，只要目标存在，就足以在很大程度上支撑我们前行。

在企业的内部愿力系统中（见图3-2），老板的愿力是成就客户、成就员工，最终实现成就自己的目标；股东的愿力是让公司利润最大化，并且通过锁定人心和科学的晋升机制最后达到人才资源价值的最大化；员工的愿力是通过实现生存需求、心理需求最终与企业达成一条心。如此企业和员工才能上下同心，同舟共济，赢得更好的发展和未来。

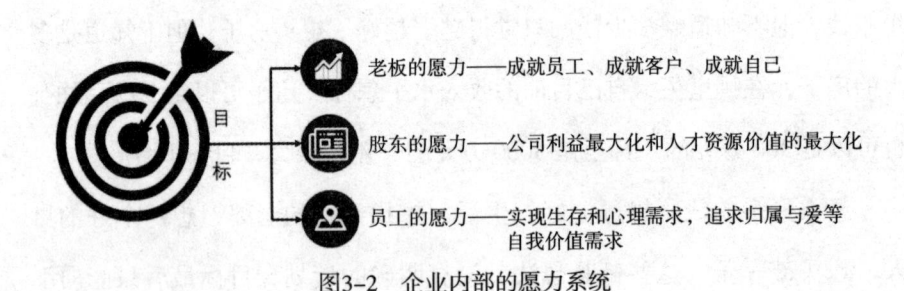

目标

- 老板的愿力——成就员工、成就客户、成就自己
- 股东的愿力——公司利益最大化和人才资源价值的最大化
- 员工的愿力——实现生存和心理需求，追求归属与爱等自我价值需求

图3-2  企业内部的愿力系统

## 华为是如何管理团队的

华为作为中国的龙头企业，承诺未来将继续坚持战略方向，持续加大研发投入。内部人才得到了激发，更多人才加入到了华为，支撑和实现了华为大发展。

华为是如何运用激励系统全面引爆团队的呢？

首先，华为运用了强大的动力系统。

任正非曾说过，华为的经营核心就是钱分的好。事实上，除了分钱，华为提倡让奋斗者得到"权、利、名"的三重收获，最终实现了"以奋斗者为本"的价值共享动力系统（见图3-3）。具体的激励措施是从分利、分权和分名三个角度进行的。分利激励的具体措施有：华为给员工发放内部货币，也就是荣誉券，可以用它在华为的内部超市购买商品，这种券的面值并不大，更多代表的是一种荣誉，是一套员工行为的塑造系统，任何值得鼓励的员工行为，都可以通过及时发放的荣誉券进行肯定和认可。华为还设置了短期激励和中长期激励机制。短期激励主要对应的是公司基本的管理机制，在每个月发放的固定底薪部分，华为有比较完善的宽带薪酬制度，主要解决了员工基本报酬的问题。还有一个是专项奖，针对的是战略贡献或者是一些关键的任务来设定的，主要解决战略贡献的问题。中长期激励机制，指的是奖金管理机制，通过设定公司的奖金池，然后根据部门绩效分解到各部门的奖金包，最后再分解到个人。大河有水，小河才能满，公司总体实现盈利，部门才有奖金，这样便确保了团队奋斗的积极性。此外，华为还会进行分权激励，对员工进行充分的授权，比如公司有董事会，下面会设若干的董事和监事长、监事等职务，同时华为还设有各类委员会，包括战略委员会、薪酬委员会、审计委员会、风险管理委员会等等，能够进入这些委员会里面的员工，不仅意味着权力的分配，同时也意味着公司对他们的一种认可。在分名激励角度，也就是荣誉激励机制的角度，华为也有很多举措，为解决员工工作意义的问题，华为赋予工作意义更多的是导向员工内在的自我激励，华为设置了非常多且主题突出的荣誉奖项，包括蓝血十杰、金牌团队、金牌个人和明日之星等。任正非也非常重视这些奖项，很多奖牌和奖杯都是由他亲自确定并且亲自进行颁发。华为公司的每一个奖项都有其设计的目的，并有相应的评选标准，比如说，金牌奖分为团体金牌奖和个人金牌奖，主要目的是奖励为公司持续的商业成功做出重大或突出贡献的团队和个人，是公司授予团队及员工最高的荣誉性奖励。

**分利的激励——**
短期激励、中长期激励、内部货币、专项奖等

**分权的激励——**
战略委员会、薪酬委员会、审计委员会、风险管理委员会等

**分名的激励——**
蓝血十杰、金牌团队、金牌个人和明日之星等

图3-3 华为的动力系统

其次，华为也很好地运用了愿力系统。

任正非在创办华为之初，便拥有了要把华为做大做强的强烈事业梦想，并且他还把这个梦想一直灌输给自己的团队。如果不是任正非的雄心和野心，加上对事业梦想的执着，只想当一个小老板，赚点钱过小日子，那么，根本不可能有让员工持股的想法和打算。所以，对事业的愿景和梦想是引爆团队的一个关键因素。一般公司会让少数人受益，而华为却让大多数员工持股，因为华为认为公司的发展靠大家，而不是靠少数的几个人。任正非曾告诫员工："在公司改变命运的途径有两个，一是奋斗，二是贡献。"在号召大家奋斗、贡献的同时，任正非也给大家吃了一记定心丸，他的一句"分钱名言"这样说："在华为内部，这20年所做的最重要的事，就是分钱。把钱分好了，组织就活了。"员工奋斗与组织分钱，其实就是华为激励系统的基本内涵。另外，华为也推行"狼性文化"。任正非很崇尚狼，认为狼所具有的团结互助、集体奋斗、自强不息等精神应是一个企业的文化之魂。这种"狼性文化"使华为的员工具有了对市场敏锐的嗅觉，以及找准目标便奋不顾身进攻的精神。这令华为获得了高绩效，并且使其在同国内、国外的同行竞争中脱颖而出，继而迅速扩张，不断地壮大。

最后，华为的逼力系统使用。

华为的成功，不仅仅有强大的利益激励和企业文化，也有一套科学的奖惩机制。华为把过去的KPI改为KSF增值分配法，任正非认为，相比较KPI，KSF有着很大的优势：

1. 既让员工对个人收入有安全感，又能获得不断增加收入的机会。

2. 既让员工有不断加薪的机会，又不至于增加企业的成本和负担。

3. 既让员工接受，又让老板认可。

4. 既是一份加薪方案，又是一套改善计划。

在使用 KSF 的同时，华为还有两套领导班子，一套务虚，一套务实，少数高层属于务虚，其他大部分基层都是务实不能务虚。在管理上，华为将员工分为高、中、低三个层级，每个层级都有十分明确的分工。高层负责集中精力做战略规划，为员工提供行动指南，并对下属部门进行监督控制和干部挑选，这是务虚的成分。其余的工作都需要各部门配合，做到坚决执行，执行必须有结果，这就是务实，不能务虚。

华为公司的高层管理者制定工作目标后，将工作目标分解到各个下属部门，而部门的功能在于推动目标的实现，并进行监督和考核，部门又将工作分配到每个团队以及员工手中。各部门中的员工能否顺利完成这些目标，能否达到组织的要求，则成为部门执行工作的关键。为了能够执行到位，华为内部推行了"绩效责任制"，要求所有干部都要签订绩效承诺书。公司会在统计前一年的工作成绩和年度工作指标完成情况的基础上，对新一年的工作提出新的要求与目标，包括客户满意度、人均销售收入、销售订货、销售发货、销售净利润等指标。接着，管理者会将这些指标进行分解，确保下一层的干部对自己管理的部门负责，并对指标立下"军令状"，而基层管理者会要求员工执行下去，尽量按时完成上级的工作任务与目标。

总结起来，我们可以得知，华为之所以能够成为令全球瞩目的大企业，与它的激励系统分不开，不但有强大的动力系统的利益激励，还有强大的愿力系统这样的企业文化来背书，同时还有类似"军令状"一样的逼力系统进行考核，如此三位一体，才能引爆整个团队。

## 阿里是如何管理团队的

我们先从利益激励方面看阿里如何运用动力系统。马云对于阿里的员工激励不同于传统的激励，他讲究给结果付钱和奖励，如果3个人能干5个人的活，就拿4个人的工资。阿里在设计薪酬体系的时候，考虑的前提是让员工认可。工资的发放是公平公正公开的，能力强、干得多就会获得更高的薪资。阿里员工的薪酬有很大的上升空间，员工可以凭借自己的努力获得更高的薪资；并且与其他公司相比，他们的薪酬模式是有竞争力的。阿里的高薪在圈内都是十分闻名的。正是有这样的利益激励，阿里的员工都充满干劲和动力。

除了动力系统的运用，阿里的愿力系统也十分强大。比如，马云在演讲的时候曾说，阿里之所以强大，不是因为技术，不是因为产品，也不是因为服务，那究竟是因为什么呢？他的回答是："核心竞争力是阿里的价值观。"什么是价值观？就是思想，就是企业文化。在阿里，每一个人都有一个"花名"，内部没有什么李总、张总等称呼，只有花名昵称，这是阿里文化的基石，阿里力争让企业内部的沟通文化变得简单。同时，不论级别多高的人，都没有特别奢侈的办公室，而是集体式办公，打破那种层级的不公平状态，给员工更多和谐与平等的办公氛围。阿里的企业文化是

## 企业自驱动系统：机制驱动团队自运营的奥秘

要成为一家持续发展102年的企业，即横跨三个世纪。"成为全球十大网站之一""只要是商人就一定要用阿里巴巴"是阿里的目标，"让天下没有难做的生意"是阿里的使命，价值观从一开始的"独孤九剑"迭代成了后来的"六脉神剑"。

阿里的愿力系统让我们看到了马云的商业和组织能力，叠加"愿景、使命、价值观"的体系，帮助阿里成为好公司，然后把接力棒交给继任者，正如马云在阿里20周年年会时讲的那句，"今天不是一个人的选择，而是一个制度的成功。"阿里不走寻常路，不走大众认为的那种合伙制度，而是通过"自定义式"的合伙制度，走出了一条可持续发展的道路，摸索出了一种可传承的、集文化、价值和远景为一体的制度。我想，这些正是企业需要向阿里学习的地方。

最后我们看一下阿里对于逼力系统的运用。

阿里现有4万多名员工，工号却已经到了10多万，这其中除了离职的，还有企业主动淘汰的。阿里每年招聘2000~3000人，但其中的1500人，都有可能被淘汰。在招聘上实行"宽进严出"，通常招一百多人，留下来的只有五六十个人，剩下的就送去"前线打仗"；中间用考核再刷掉一半。阿里巴巴的考核，有个"强制分布"——规定20%的员工超过期望，70%的员工满足期望，而剩下的10%要被淘汰。对于价值观的奖励和惩罚，阿里巴巴是怎么做的呢？

有一年，阿里铁军广东大区要求开除一个优秀的销售，他一年能做上千万的业绩，十分了不得。如果客单价平均是六七万元的话，他大概有130多个客户。当时阿里巴巴要求对客户至少每月回访一次，按照130

多个客户的数量算下来，节假日都算上，他一天得跑四五家客户。拜访完之后，还需要填拜访记录，可能是因为要回访的客户数太多了，他做了虚假拜访记录，明明没有上门拜访广东的一家企业，却写在了拜访记录里面。公司抽查的时候，正好抽到了他的拜访记录，就打电话给客户确认：张老板，我们的某某同学几月几号来拜访你了，他上门服务的质量怎么样啊？结果那个老板说：那天不可能，那天刮台风，我们企业都关门了……这样的虚假行为记录，违背了阿里巴巴"客户第一"和"诚信"的价值观，因此必须开除他，连讨价还价的机会都没有。在这样严格的考量机制下，企业的运转得以保持良性和持久有序，企业的生命力也更加顽强。

所以，阿里的成功就是激励系统运用得好，才敢夸下海口要让企业生存 102 年。

## 四、历史上的激励系统

### 岳飞是如何管理岳家军的

岳飞是南宋当之无愧的名将，由岳飞亲手组建的"岳家军"，称得上是南宋第一军团。

所谓"撼山易，撼岳家军难"，作为当时的抗金主力，岳家军的名号，绝对是威震天下。常常只要"岳"字旗一出现，金兵便不战自溃；岳家军所到之处，百姓为之助威，贼众为之顺服。其人气之旺，后来令皇帝都感到紧张。大部分人都知道岳家军实力超强，却鲜有人知道这支军队是如何被打造出来的。

岳家军为什么如此有战斗力？因为岳飞爱兵如子，经常把皇上或者是国家赏赐给自己的金银财宝甚至是俸禄，分给士兵养家糊口。而且岳飞特别关爱自己的大将，不仅关心大将在军队里的作战生活，还会关怀大将的家眷，让他们能免去后顾之忧，心无牵挂地上战场。据《金佗续编》记载,有一次,岳飞变卖了私人物品,打造2000张良弓,供军队使用。幕僚黄纵知道后,提醒他应该向朝廷要钱,没必要为公事破费。岳飞回答:"几个札子乞得,某速欲用,故自为之。"岳飞从自身做起,不克扣将士粮饷,再加上赏罚分明,使得将士们在岳家军这个团队里生活有保障、活得有尊严,自然能做到"冻死不拆屋,饿死不掳掠"。这样的动力机制下,他才能够全面引爆岳家军。这就是岳飞善于运用动力系统的结果,当士兵们能够领到军饷,能够吃饱,武器用得好,上了战场自然是能征善战,获胜一定不在话下。

另外,岳飞身为大将军,每战也必身先士卒,率先垂范,这就是一种愿力系统的运用。俗话说,将有必死之心,士无贪生之念。作为指挥官打仗的时候,最应该喊的就是"跟我上",而不是"给我冲"。有了这样模范的领导,岳家军在战场上好比出笼的猛虎,人人奋勇向前,无往而不胜。

带兵打仗也好,办企业做管理也好,摊子大了,管理难免出现力不从心的情况。这时,便需要纪律严明,管理有法度,才能让组织良好运转。岳飞也是如此,他除了给士兵发军饷(动力系统支持)和冲锋陷阵率先垂范(愿力系统支持),还有一招就是使用了逼力系统。人们都称岳飞为统兵带兵的奇才,在他的治理下,五花八门的杂牌军被锻造成了一支战无不胜的虎狼之师。

岳家军的军纪特别严明,严明到什么程度?有句话这么形容:"饿死不抢粮,冻死不拆屋",是说岳家军宁愿饿死也不抢老百姓的粮食,宁愿冻死也不强占强拆老百姓的家。

如此严明有序的岳家军,岳飞是如何使用逼力系统来锻造的呢?首先，岳飞对于官兵的日常训练极为严苛。史籍记载他"止兵休舍，辄课其艺，暇日尤详，至过门不入"（《鄂国金佗续编》卷9）。也就是说，岳飞从不允许官兵"放羊"，只要有时间，就会组织大家进行训练，甚至对此专注到路过家门也不入的程度，颇有大禹之风。在训练中，大小将士"如注坡、跳壕等艺，皆披重铠，精熟安习"（《鄂国金佗续编》卷9），即跳壕、爬坡、冲锋一类的基本技艺，将士们在平时都要按实战标准全身披挂进行。这样在真正战斗时，大家就不会因为有了装备的负累而变弱，从而保证了战斗力。

其次，岳飞对官兵的纪律要求非常严格，有明令"取人一钱者必斩"。在严格的纪律约束下，岳家军养成了令行禁止、雷厉风行的军风，战时上下齐心，绝无闻令而不动、见难而退者，"屡以是破贼锋"（《鄂国金佗续编》卷4））。

岳家军的纪律严明不只是对普通兵士作如此要求，而是对全员上下一视同仁，连岳飞的儿子也是同样对待。据说有一次，岳飞的儿子岳云的战马受惊，一不小心踩了农民的新稻田，结果岳飞就要把岳云斩首，在众人的求情之下，岳云虽然没有被斩首，但岳飞用军棍狠狠地打了他一顿，岳云被打得好多天都起不了床。军纪就是这么严明。

还有一个小故事。有一回，岳家军的一个哨兵要过江去传令，结果那天刮大风，江上的船只禁行。遇到这样的不可抗因素，怎么送号令呢？因为岳家军的军纪非常严明，只要没有完成任务，都是砍头的罪。最后送信的哨兵，自己驾着艄公的船，冒着狂风暴雨到对岸去送信，所有看到的人都目瞪口呆。正因为这样的严格管理，岳家军才成了一支战斗力非常强的军队。

　　岳飞战功赫赫，爱民如子、爱兵如子，再加上他严格的制度管理，就是我们说的逼力系统，多措并举，使得岳家军的战斗力非常惊人。所以说"撼山易，撼岳家军难"，这是敌人的哀叹。岳飞全面使用了这样的激励系统，锻造出了战斗力惊人的南宋抗金王牌之师，在历史上留下了深刻的印记。

## 戚继光是如何管理戚家军的

　　明朝抗倭名将、民族英雄戚继光，是一个很会带兵的人。他初到山东备战倭寇时，发现明军官骄兵惰、纪律松弛，跟熟练使用倭刀、重箭的倭寇相比，战斗力实在太弱。于是，戚继光重新招募了3000农民，并亲自训练他们，包括各种火攻武器的使用方法，很快就打造了一支让倭寇闻风丧胆的"戚家军"。

　　戚继光是如何运用激励系统全面引爆戚家军的呢？实际上戚家军的建设和岳家军的建设有异曲同工之妙，还是依靠动力系统、愿力系统和逼力系统三位一体来达成的。

　　为什么戚家军战斗力如此之强？第一，戚家军的粮饷非常充足，收入高。按现在的话说，尽管戚家军的底薪不高，但是士兵只要杀死一个敌人，赏银是非常高的。据说正常情况下，一个兵士一个月底薪可能只有几两银子，但是他杀死一个敌人，就可以获得三十两纹银，等于底薪非常低，但是提成非常高，所以戚家军的战士杀敌勇猛，骁勇善战。第二，除了非常大的利益激励之外，戚继光对军队的训练非常有素，战法非常特别，一般是把8~12个人组成一个小组，有人负责防守，有人负责进攻，进攻的时候有的用枪刺，有的用刀砍，分工非常明确，且各有阵法。所以自然能产生强大的战斗力。

戚家军的动力系统非常完善，戚家军借鉴了岳家军的管理制度，又借鉴了秦国的连坐制度，打得好大家一赏同赏，打得不好一罚同罚，甚至要砍头。

戚继光还颁布了赏罚分明的军事制度：如果因为人为因素而战败，则主将斩首；主将战死，则所有偏将斩首；偏将战死，则手下所有千总斩首；千总战死，则手下所有百总斩首；百总战死，则手下所有旗总斩首；旗总战死，则手下队长斩首；队长战死，而手下士兵没有斩获，则十名士兵全部斩首(是为"连做法")！同时，军功的赏赐也颇为丰厚：每斩敌人首级1颗赏银40两(明中期白银40两约合人民币12000元)。严厉的惩罚使得戚家军士兵一进入战场即全力作战，一直到获胜或战死，根本没有逃跑的念头。

所以，通过分析可以得知，戚家军正是把动力系统、愿力系统、逼力系统这三位一体的激励系统运用得淋漓尽致，才锻造为一支具有强大战斗力的军队。

## 曾国藩是如何管理湘军的

在中国历史上,湘军之所以有战斗力,与曾国藩这个统帅严格自律有很大的关系。他说:"鄙人近岁在军,不问战事之利钝,但课一己之勤惰。"他的带兵之道是,"身先足以率人,律己足以服人"。自己勤奋,下属岂敢懒惰。要求别人做的,自己首先做到,大家跟着这样的领导就会形成良好的团队精神。

"绿营军"外强中干、一盘散沙,就是这样的一支队伍,愣是让曾国藩打造成了一支强劲的军队。那么,他是如何做到的呢?其实,他也用到了激励系统。我们来分析一下他是如何运用激励系统全面引爆湘军的。

首先,是关于动力系统的运用。曾国藩开始组建团练的时候,冷静分析过绿营军的优势和劣势。他发现绿营军的制度有严重的缺陷:按现在的话说,就是允许部队搞第三产业来创收,而导致这个缺陷产生的原因是朝廷的"低饷制"。当时的绿营军武官和文官一样都拿着低俸禄,都靠吃空饷以及与地方做生意来赚钱,这样无形中让军队产生了用收保护费、走私等阴暗的手段去牟利的现象。这样一来,士兵哪有心思去打仗?个个都只想着贪财保命。于是曾国藩第一次运用了动力系统中的利益激励,也就是给官兵们开出"厚饷制"。

当时曾国藩提出,给湘军士兵的饷银是正规军的3倍,是务农农民的4~5倍,如果打了胜仗,还会按照贡献进行比例分成,如果是在战场上战死,抚恤金是朝廷的数十倍。这样强烈的利益激励使得人们都力求去从军,因为参军的人数多了,曾国藩就有机会实现择优录取。另外,军队还被允许,打了胜仗可以去抢敌人的财物,只要抢来的东西上交两成,其他都归打胜仗的军队。如此,大大激发了士兵的战斗力和积极性,他们知道,跟着这样的领导有饭吃,有钱花,打了胜仗还能得到更多的好处。

其次,是逼力系统的运用。曾国藩对于自己军队的各部门长官充分授权,给予他们人事权和分配权,这一举措在当时的各个军队里是很少见的,甚至可以说是不可能的。当时清朝对"绿营军"是极度不放心,朝廷设置了"兵与勇不相得,兵与将不相习,将与将各不相下"这样的平衡方案,以防止将军之间拥兵自重,把军队之间的关系搞得非常复杂,打仗的时候调兵也不由将军说了算,结果导致战斗中将军不识士兵,士兵也不熟悉将军,明明是要一起上战场的生死搭档,却更像毫无凝聚力、战斗力的一盘散沙。士兵不服将军,将军不爱士兵,军队内部出现了严重的内耗。曾国藩带兵的时候完全废除了这种制度,并且采用了"将必自己选,兵必自己招募"的原则,对于高级的将领,曾国藩更是会亲自来选,对于士兵,会放权给将军来选。而且在发放战利品的时候,也不是统一发放,而是直接让各个将军自己决定,相当于把人事权和分配权都给了高级长官。这样士兵信任长官,长官爱戴士兵,互相拥护,很快在军队中形成了上下齐心，即便是要赴汤蹈火，也能相互交托性命，生死相救的高凝聚力氛围。为了加强这种效果，曾国藩甚至采取更极端的手法来逼迫整个系统保护战斗力，他提出：主官在，军在；主官亡，军散。就是说，主官战死，除非自己军中有更合适的人来代替他，否则军队便就地解散，永不录用。通过这样的方式把保卫主官升级成为军队内部利益攸关的责任，他深知，保护好带头羊，也就保住了军队的战斗力。

最后，从愿力系统上实行改造。曾国藩本身是书生，所以他充分发挥自己的优势，开始大搞思想政治教育，把团队的每一个人都变成头脑敏锐，四肢发达的钢铁战士。曾国藩以"维护孔孟之道"来代替"满汉之争"，从而给这些士人洗脑，进而取得共识。士人们再把这些理念，根据自己团队的特点，给山农洗脑。

为了达到更好的效果，曾国藩自编了一首《爱民歌》：
三军个个仔细听，行军先要爱百姓，
贼匪害了百姓们，全靠官兵来救生。
第一扎营不贪懒，莫走人家取门板，
莫拆民家搬砖石，莫踹禾苗坏田产，
莫打民间鸭和鸡，莫借民间锅和碗……

湘军从一支四分五裂、没有战斗力的涣散队伍，最终变成了所向披靡战力强大的军队，离不开曾国藩的带领和打造；从"屡战屡败"的乌合之众变成"屡败屡战"常胜之师，离不开曾国藩对动力机制、愿力机制和逼力机制这三位一体的激励系统的运用。

# 第一篇
# 动力系统

## 五、利益账户

### 底薪+提成——通过动力和逼力解决问题

通过前面章节的内容，我们知道了激励系统的重要性，了解到了要让员工有动力并且为实现目标全力以赴，必须从动力、愿力和逼力三个方面来进行。其中，动力就是利益账户，想要让马儿跑得快，就得给马儿吃好并吃饱。也就是说，想要员工积极为公司创造业绩，那么给员工的动力激励也要到位，不仅要考虑员工金钱利益账户，还要考虑员工的前途账户和情感账户的利益诉求。然而事实上，很多企业对此并不重视。

那么员工的利益账户怎么经营呢？一般分为三个维度，分别是低纬激励、中纬激励和高纬激励，根据级别的高低不同，相应各级别维度激励包含的内容也不同（见图5-1）。低纬激励包含底薪机制、考核机制、提成机制。中纬激励包含岗位分红、超额分红、PK对赌机制。高纬激励包括期权机制、身股机制和实股机制。据我了解，目前各维度的激励情况是：大部分的公司在低纬，极少数的公司进入了中纬和高纬。即使有不少企业处于最简单的低维度激励水平，但实际操作上依然做得不到位，大部分都是底薪+提成的模式，实际上这是一种非常落伍的激励模式。很多企业老板发现，单纯的底薪+提成模式很难真正起到激励员工的作用，虽然老板很操心，但实际效果不理想，所以现在高纬激励比较流行，比如阿米巴、事业合伙人等期权机制、身股机制、实股激励等。但高纬激励也有一个弊端，就是激励周期较长，对于初创型或小型企业来说，这样的激励方式带来的压力会比较大，而且一般很难在短期内收到效果。所以，较科学的激励方式，还是应该从低纬激励慢慢进化到中、高纬激励。

高维度激励——
期权机制、身股机制、实股机制等

中维激励——
岗位分红、超额分红、PK对赌机制等

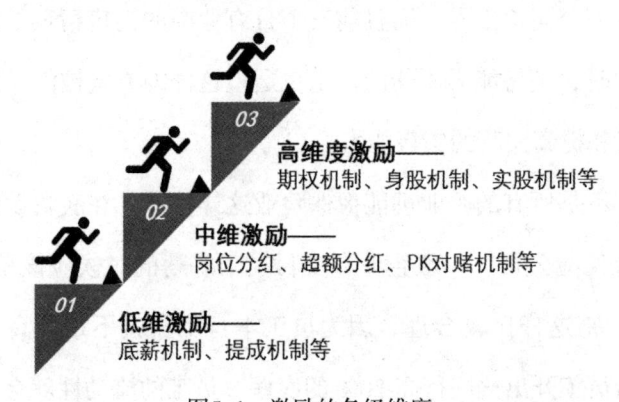

低维激励——
底薪机制、提成机制等

图5-1　激励的各级维度

那么，我们看一下低纬激励的方式在底薪设计方面易犯的错误和解决办法。

底薪属于一个企业的固定成本，低薪能够直接降低利润，但高底薪对于员工的招聘速度能起到很大的促进作用，尤其是无责任底薪的高低，决定了是否能够快速地招聘到员工。比如，3000元底薪与5000元底薪相比，后者更容易招到员工。但是，如果底薪太高会影响员工的后期创造力，因为员工大部分只关注营业额，至于企业的费用和成本，员工不会关心。如果大环境下公司的业绩一般，那么公司内部工作氛围就会萎靡不振，员工很容易丧失信心。反过来，底薪如果给的很低，前期招聘会很困难，不容易找到真正需要的人才。在这方面保险公司的薪酬设计很值得研究：比如，保险公司一般有三个月的无责底薪期，在此期间的底薪往往还很高，但从第四个月开始就变成零底薪，员工有业绩才会有提成，所以，如果不能做出业绩，那么很多人就会止步于在第四个月。然而保险公司的这种做法有一个很大的优势，因为在三个月无责底薪期间经过大量培训，会让员工拉进来不少的业务（当然大部分是熟人），即使第四个月开始，员工陆续辞职，保险公司也不亏。而且前三个月有业绩的销售精英往往能够继续留下来，同时，销售能力不佳的员工也通过这样的方式被洗了出去，从而能一直保持和提高团队的销售能力。

当然，不是所有的企业都能像保险业这样特殊，在底薪设计上也就不能完全借鉴保险公司。一般企业在支付员工底薪的时候应该稍微高一些，高出同行20%这样比较合理，因为员工本身工资就不是很高，如果你的企业能够给员工开出比同行高20%的底薪，员工的流动性就会非常低。如果底薪太低而提成高的话，员工往往会没有安全感。对中高层的员工来说，可以适当将底薪设计得低一些，而把提成加高，这样能让他们干的更卖力。

要让一个人去做一件事情，需要两种力量同时实行，第一个力叫作动力，第二个叫逼力，或者也可以说，一种叫追求快乐的力量，还有一种叫作逃离痛苦的力量。当一个人身上同时具备这两种力量的时候，他的办事效率会比较高，动力会比较大，压力也比较足。

我有个学员在杭州，是做医美行业的，他的公司有三个股东，一起投资了一个大型的医美旗舰店，投了350万元左右。其中一个股东占51%，另一个股东占29%，第三个股东占20%。他们请了1个店长。投资运营后，问题来了，公司不挣钱，聘来的店长很挣钱。经过询问得知，问题出在店长的薪资结构设定上。店长的底薪是2万元一个月，同时还要加上月度销售额的3%作为提成，再加上年度销售额的3%作为年终提成。一年到头，股东不仅没挣到钱，还亏了很多钱，但是店长一年下来，底薪+提成+年终提成，总共赚了70多万元。

所以，这种底薪+提成的方式不合理。这个激励方案必须遵循两个原则，一个叫作动力，一个叫逼力。对于一个亏损的公司而言，一个店长拿2万元钱的底薪，这是非常不合理的。因为底薪这么高的情况下，店长在店铺的经营业绩上是不会有动力的，高额的底薪已经能足够保证他的日常生活过得不错。同时他没有压力，因为不论做好做不好都有2万元底薪。对于一个公司的高管，尤其是要对业绩负责的高管而言，他核心的收入来源一定不能来自底薪，一旦他的底薪过高，他追求提成或者是做业绩的动力就会减小很多。我给的建议是把薪酬结构改为1万元固定薪资加1万元考核薪资，就是其中的1万元是固定的，还有1万元是可以调整和需要考核的。

那具体要怎么给呢？比如，每个月给他设定业绩的目标。一个月至少要做50万元的业绩，做到50万元的业绩，公司就给你在考核薪资里发满额，那也就是固定的1万元加上考核的1万元，是2万元。如果没有做到

50万元的业绩，假设只做到45万元业绩，可能就是1万元的固定底薪，考核薪资里边只能发部分额度，比如讲是5000元，那就加起来是15000元。如果说他没有做到50万元，也没有做到45万元，他只做到40万元的业绩呢？对不起，这个时候固定底薪1万元还发给你，但是考核薪资里面的话，我只能给你发2000元，或者1000元，意思一下了。如果说连40万元都没做到，对不起，那在考核的薪资里边，最终就变成了0了，也就意味着你的月收入从原来的2万元就变成了1万元了。收入减少了，他肯定要想办法去做提升收入的业绩部分，把考核薪资拉上来，最终实现店里业绩和个人收入的双高层面。所以这样的底薪设计才会让人有动力，才会令他不但想去挑战50万元，甚至60万元或更高的业绩。

与此同时，还要有逼力，如果业绩做到40万元以下，对不起，考核工资就没有了。另外，薪酬结构中提成的设计也有问题，不管做多少都是3%肯定有问题。所以如果说是不管做多少业绩，作为店长都能提3%，他当然没有太大的压力。比如，做到50万元的业绩，你有3%的提成，做到45万元的业绩，你可能只有1.5%的提成，做到40万元的业绩，你可能只有0.5的提成，那么如果40万元都做不到，那就没有提成。也就意味着你作为这个公司的CEO或者作为公司的店长，你必须要有个保底给公司，即你能给股东创造什么样的一个价值和贡献。如果你连保底的价值和贡献都达不到，底薪和提成都需要下降甚至为0，这样他才会有压力。

同理我们说刚才的薪资结构里面，他有底薪2万元，加上月度提成3%，他还有年度提成3%，年度提成应该怎么来设计呢？年度至少总业绩要做到500万元，还是600万元，做到600万元以上，就给你3%的提成，做到 550 万元，只能给你 1.5% 的提成，做到 500 万元以上，只能给你 0.5% 的提成，500 万元做不到，没有提成。这样你会发现，你的 CEO 或店长，这个时候他就不是旱涝保收了，他压力就大了，不管是在月度的压力，还是年度的压力，他都要注意了：我不能突破那个最低的底线，而且我也不能跟设定的目标差距太大，如果差距太大的时候，提成也会直线下降。底薪也会直线下降。这样他就会在压力比较大的情况下自动产生动力，去追求更高的业绩目标，给公司，给老板，给股东创造更大的贡献和价值。

我们说一个优秀的人是靠激励激发出来的，给他足够的安全感，满足他的实际需求就能让他变得更加优秀。但从优秀变成卓越，还需要逼他一把。所以我们除了要动力之外，还要设计一个逼力的系统。

## 考核——考核是工具，激励是目标

传统的考核模式，很多企业都在用，也就是最常见的绩效管理。关于绩效管理，大家一定要注意，员工要的不是考核，而是被激励，考核的过程是工具，激励才是绩效管理的灵魂和核心，直接考核而忽视了激励的话，员工会不喜欢会排斥，反过来，如果没有考核而只有激励的话，老板也不愿意，因此，绩效管理应该把激励和考核协同起来，融合运行，激励第一，考核第二。只有做到公司替员工着想，员工才会为事业完美，为目标拼命。

有不少合伙人学员问我:"包老师,我们企业也想设计考核,之前没有进行过考核设计,现在要设计多少考核工资才合适呢?如果太多,成本会增加,太少的话,对员工又起不到激励的作用。"

其实,考核不论基数大小,而是要用分数来量化,比如设定一个300元的考核,考核满分为100。如果能达到90分以上,那么工资里就会多拿300元;如果考评分达到80分~90分,就只能拿300元的80%即240元;如果只能达到70分,那就只能拿300元的50%,也就是150元;如果连70分都没有达到,那么300元就归零。这就是积分考核的思路(见图5-2)。不过,这只是一个思路,因为一个企业的考核绝不止这300元的提成,而是与分红、年终奖、提成等等都挂钩,如果达到哪个段的考核分,就领取哪个分值段对应的百分比收益。所以,真正的考核不仅跟考核工资相挂钩,还可能跟他的底薪和提成相挂钩,甚至与后面的年终分红、年终奖相挂钩,思路都是同比例做调整。

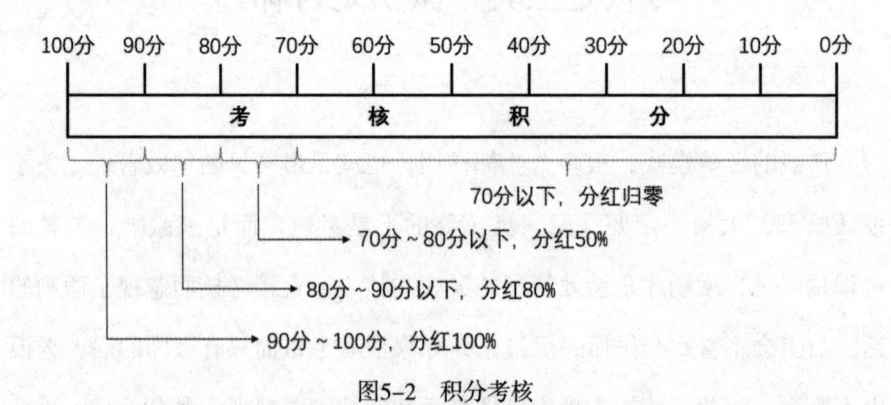

```
100分 90分 80分 70分 60分 50分 40分 30分 20分 10分 0分
┌─────────────────────────────────────────────┐
│           考      核      积      分           │
└─────────────────────────────────────────────┘
                    70分以下,分红归零
                70分~80分以下,分红50%
            80分~90分以下,分红80%
        90分~100分,分红100%
```

图5-2 积分考核

很多企业羡慕别的企业可以根据考核制度来激励员工,使员工做事不仅积极，效率还高，干的活儿多也不抱怨，并且离职率还低。他们很纳闷，为什么人家的企业能做到如此好的局面呢？原因就是考核机制设计的好。

以海底捞为例，海底捞考核设计"5色卡标准"，偏向于过程考核。海底捞把整个过程分为5个颜色卡：红卡、黄卡、白卡、绿卡和蓝卡，红卡是服务卡，黄卡是出品，白卡是设备，绿卡是食品安全，蓝卡是环境卫生。黄卡、白卡、绿卡、蓝卡是可以被量化的，但是红卡服务是非常难被量化的，所有红卡考核只有服务的态度和速度，它分为上菜速度、买单的速度和出现客人投诉处理的速度。这些具体要怎么考核？海底捞的考核体系全部都是由上级考核下级。让店长的直接上级随时去店中巡查，而考核的方式，主要是看客人的满意度以及员工的仪容仪表和工作状态等等。海底捞也是靠打分来实现考核的有效落地。如何打分？考过之后就要打分，每个区打的分值不一样，所以就采用绝对值判断且分为ABC三个等级。

这个机制出来之后，海底捞每个店的分数都在上涨，因为大家已经跑起来了，相当于大家互相在竞争，因为大家都不知道分数排到第几才会赢的时候，员工就会努力地提高绩效的分数，就会各方面去做好，所以这个排名不需要做得最好，但是一定要比别人做得好。绩效考核的高明之处就在于它已经把管理者的管理思路变成每个员工的自觉行为，让员工都积极自觉地去达成高要求。

考核就怕做摆设，既没有激励作用又没有约束作用。好的绩效薪酬考核制度对员工应该既有激励又有约束，但是许多企业，尤其某些央企，对员工既没有做到激励，也没有约束。比方说，我一个客户，让我看他公司的考核表，每个人的绩效工资倒是有差异，只是人数很少，一百多个员工的企业，只有十多个人体现出来了这种差异，其他八十多个员工都没有。另外能够看到干得不好的员工有罚，但却没有看到干得好的有奖。这样看来逼力系统运用得还可以，但愿力和动力系统运用得不够好。所以，企业虽然做了绩效考核效果却不理想。

所以，真正的企业考核设计是要达成一个目标，通过激励手段让员工产生动力，从而实现自主自愿去行动的效果，最终才能产生不一样的绩效，我想这才是绩效考核的意义所在。

## 分红——从仪式感中激发员工"成就感"

很多企业在谈到激励员工的时候，基本上更多的是偏向于物质层面的激励，也就是进行经济层面的激励，很少考虑精神层面的激励。如果一个公司过多地偏向于物质或者经济层面的激励，而忽视了精神层面激励的话，你会发现这个团队极有可能变成唯利是图的团队。所以，真正使用得好的动力机制让员工产生动力，不仅要从底薪和提成方面进行激励机制的设计，还要在分红上有所侧重。

首先，用分红权激励员工，员工一般是不花钱的，只享受股权分红，所以员工很容易接受，分红权方案最大的好处就是容易落地。其次，分红权对于激励员工冲刺业绩的激励效果非常明显，因为员工的分红和利润相关。不管怎样，员工的工作积极性在一定程度上都会得到提高。我每次讲课，都会问"是不是有企业做了分红权激励"，每次都会有几个老板说他们已经实施的股权激励就是采取分红权的方式做的。我就会问他们"做完有没有效果"，他们都说有效果，积极性有所提高。而且，据我向老板调查的情况来看，有些公司实施的分红权激励，在方案刚颁布的时候和临近年底的时候，效果特别明显。老板说，有分红了，员工就觉得很高兴，感觉公司赚钱和自己有关系了，所以在刚颁布方案的时候，他们比较有激情。但是干了一段时间，就会激情消退。临近年底的时候，员工就会想"今年到底会分到多少钱呢？"因为想着要分红，所以，员工的积极意识又被逐步唤醒，越到年底越积极。另外，我还跟很多老板讲，在发放分红或年终奖的时候要注重"仪式感"，能在大会上发的，就不要私下发，能发现金的，尽量不打卡上。为什么呢？这是一种变相去激励员工产生"成就感"的操作。同样是领钱，打在卡上就是一串数字，而拿到手里却是沉甸甸的感觉，这两者的感觉完全不一样。尤其是那些分红额高的员工，尽量选择通过现金发放的形式，并且要办好仪式来发放。

这么做有两个目的：第一，让他本人很有感觉，他上台拿到厚厚的一摞钱的那种喜悦，会让他瞬间变得自信且充满成就。那么在这个过程当中，上台领奖的同时领这么多的现金，他感觉好不好？当然感觉非常好。第二，不仅他感觉好，台下看到的人，感觉也非常特别。台下很多人看着眼红啊！他们心想明年我也要上台领这么多奖金（见图5-3）。

图5-3 年会发奖时刻

所以，我经常讲，分红就是分到眼红，分的人眼红，看的人眼红，这样才能起到激励的作用。奖励也是一样，一定要给予被奖励者一定的仪式感，那样台上的人才有种被"万人瞩目"的荣耀感，台下的人也会眼红，并暗暗发誓，下一次领奖的人是自己。

曾经有个学员，他来自河北的一家企业，他们公司比较大，几千名员工，年终奖只有两三百万元，平均发到每个人手里的也没有多少钱，但是老板和人力资源部的老总想来想去，如果只是发点钱的话，感觉发到他们手里边，好像也就千把块钱的事，高一点的几千块钱，少一点几百块钱，没什么感觉。所以他们就想了一个方法，把所有的钱换成硬币，并且把硬币埋在盆里，根据员工贡献和年限的不同，分的不同，每个人弄盆挖硬币。据说当年他们挖的最多的是他们公司的一个保安大爷，在公司待了十几年，所以他挖的盆数最多，最后打电话给他的儿子，让他叫个车过来。他儿子说："你一辈子舍不得打车，有啥事要叫车过来？"他说："拉钱"。

这儿子心想，不知道老爸捡了多少钱，还要叫车拉回来，结果一看，原来是一盆一盆的硬币。硬币本身没有太多的钱，但是第一个让大家很开心，第二个发的时候让大家又很有感觉。你看这位老大爷一辈子都没有让别人这么尊重过。那一年他为什么挖的最多，因为他在公司工作的年限非常长，非常久，所以他挖的机会就特别高。这就是一种分红发放的仪式感。

同理，你的公司能不能采用这样的方式来发年终奖，或者办表彰大会呢？实际上是完全可以的，以前我带营销团队的时候，每天都要办奖励，奖励有可能是一瓶王老吉，有可能是一张电影票，还有可能是一张光碟、一本书。从物质上来讲，代价很小，但是要把一个很小的东西发出感觉来，就必须让他上台领奖，下面整个团队的人给他鼓掌；让他发表获奖感言，让台下听获奖感言的人和台上的人都有被关注、被激励的时刻和氛围感、仪式感。

有一年我们给公司的员工发分红，不仅给员工本人发，还给他的家人和父母发。请他的父母或配偶到场把奖发给他的家人，这样，不但使得员工本人觉得很有成就感，连他的家属都觉得脸上有光。然后家里的人就会认为员工找到一个好公司，督促这个员工要好好干，努力干。

所以这就是我们说的在利益账户的设计里，你必须兼顾到物质和精神两种层面的东西，让没有太高经济价值、没有太高物质价值的颁奖，也可以颁出让大家心花怒放的感觉来。这是颁奖的艺术，这也叫激励的艺术和分红的艺术。

## pk对赌——如何用PK对赌彻底引爆团队

PK和对赌对于企业经营者来说并不陌生,有不少企业都把这种机制作为激励员工的重要手段,为了完成了目标,企业会设计一系列的PK和对赌机制。比如,个人之间的PK,部门之间的PK,固定时间段的PK等等。有的企业,只需要一个小小的PK设计,就能瞬间激活员工,让员工为了目标变成拼命三郎。PK和对赌的设计是为了打破团队安静的状态,因为我们知道人在不知道输赢的时候,内心会充满兴奋感。就像买彩票一样,当我们发现前四位中了,继续期待后面是否中奖的那种感觉最兴奋。而企业对于员工的激励也是如此,所有的制度和文化都是为了挂靠和嵌套人性最本源的内容去设计的制度,所以人在什么时候兴奋,就去模拟那样的状态,去完成对人的情绪动能的一个带动,这就是企业设计PK对赌的契机和由来。薪酬结构、竞争结构、超额分红、福利激励、期权激励这些制度为团队的组建打下了坚实的地基,但在这基础上还需要一个威力强大的制度去点燃和引爆,这就是PK+对赌的制度,这个制度是基于团队已经有了晋升、薪酬和基本的管理制度之后,进行再次点燃和升华。

具体怎么PK呢?举个简单的例子:

老板号召所有员工每人拿出 1000 元钱去"玩游戏",总共有 20 个业务员,老板自己拿出 2000 元钱也去参与游戏,游戏基金为 22000 元。游戏设置一、二、三名,分别设立冠军组、亚军组、季军组,冠军组可以拿到 50%PK 金,亚军组拿到 30%PK 金,季军组可以拿到 20%PK 金。三个组的成员可以自由分配,最好是平均,假设第 1 组 7 个人,第 2 组 7 个人,第 3 组 6 个人,每组成员之间都互相鼓励互相监督,数据是比较透明的,之后再从三个组当中筛选出单组业绩最好的参与冠军、亚军和季军的争夺,那么我要争夺第 1 名、第 2 名、第 3 名,各组成员就互相帮助。业绩最好的业务员去争夺前三名,那么他们会群策群力,当冠军亚军季军公布的时候,本组成员 PK 金可以平均分配,比如说冠军组 50%PK 金,22000 元乘以 50% 等于 11000 元,那么该组每人可以得到 11000 元除以 7,即 1571 元,亚军 30%PK 金,同理该组每人可得 943 元;季军组 20%PK 金,同理可知该组每人可得 733 元。

那么设立这样的 PK 金,目的是什么呢?首先,是为了刺激每个成员更有动力去开创自己的业绩。其次,可以增进各个成员之间的友谊,群策群力,加强组内成员之间的交流和学习。最后,为企业增加收入。这一机制的设立,看起来虽然比较简单,但可以起到很微妙的作用。每个企业设立对赌机制,可以根据自己的实际情况去相应设置,这个例子仅供参考。

实施 PK 对赌主要有几个好处:一是改变了传统的激励方式,贯穿了整个活动周期,有利于过程的管控。二是能够对优秀员工的贡献进行奖励,以及鞭策落后员工。三是荣誉和利益挂钩能充分发挥传帮带的作用。

对赌金额以及奖励兑现一般分为三步：第1步，确定员工个人参与的金额，可以把它理解为所有指标都最差的情况下的罚款总金额。可以是平均工资的5%，最高不超过10%，确定总金额后的金额和团队的金额。第2步，需要综合考虑活动周期和员工接受程度这两个问题，金额在10~50元比较合适。第3步，确定团队对赌金额，需要权衡团队对赌金额的多少，多则需要对对赌总金额或个人对赌金额进行调整，而多少才是合适呢？可以参照当地的消费水平，使得小组成员能够完成一次聚餐的程度就可以了。奖励兑现有两件事情必须要做好：第一，是在兑现时，让每一名员工都期待这一刻。第二，帮助分析原因，避免泄气。

为了让PK和对赌机制使用起来更加得心应手，还有4点建议需要了解一下：一是PK和对赌对于员工的激励作用较强，但频繁使用容易增加员工压力，不超过两次，每次不超过15天；二是要统一员工思想，重点突出适合于带有销售性质的岗位，其他岗位人员不建议使用；三是要让团队所分的小组实力相当的员工进行组合，以便发挥传帮带的作用；四是同时每组一名负责人奖励指标要有准确的数据统计，否则无法判定员工的工作完成量。

当然，不同的企业对于PK和对赌的选择还有一些差别，这个需要企业视自己的情况而定。

## 期股、虚拟股、实股——用未来利益激励骨干

一般来说，在企业中总要有一部分优秀员工的带动才能使业绩倍增，所以对于骨干员工更需要利益的激励。优秀员工所需的价值回报不是工资、奖金就能满足的，有效的办法是直接对其实施激励，将他们的价值回报与公司的持续增值紧密联系起来，通过使公司增值，来相应地回报这些员工为企业发展所做出的贡献。常见的有给骨干员工期股、虚拟股和实股，如果说分红和提成是给现在，那么期股或其他实股就是在给未来，大部分企业采用分红权和增值股权并行的激励方式，既给现在，也给未来。

期股就是协议约定的股权获取权，是未来的股权。因为公司不知道员工是不是能干得久，是不是未来的核心人才，员工也不清楚企业有什么样的前途，所以期股就是双方的一个彼此考察。

虚拟股是协议约定的收益权，没有实际的控股权，但有关系，能分红，但没有控制权和所有权，当然，如果发展的好，也可以转成为实股，华为的激励模式就是虚拟股。

实股是法律意义上的股权，是真实的股权，是实实在在的股权，有企业控制权、所有权、分红权、增值权。

期股、虚拟股和实股具体有哪些区别呢？我们先来看一个案例：

张三和李四合作创业成立一家 H 有限公司，注册资本 100 万元，张三占股 80%，李四占股 20%，两个人都是实缴出资，经过几年的快速发展，公司在当地已经是小有名气的企业了，公司估值已经达到 4500 万元，而且因为团队的业务能力强在整个行业中也是成了被争抢挖角的对象。针对这种情况，公司按照我们提交的方案，决定对公司的部门经理和几个业务骨干分别制定股权激励方案，具体来讲有 6 种方案。

方案 1 是持股激励。首先要筛选激励对象。H 公司的持股激励对象要具备两个条件：一是必须在公司工作满 5 年以上，任职公司极具重要的岗位。二是每年都能完成公司制定的目标，并且每年都为公司培养出 5 个关键岗位的人才。其次要成立一个合伙企业，作为激励员工的股权池，合伙企业持有公司 14% 的股份，张三作为合伙企业的普通合伙人 GP 占股 2%，其余 12% 由所有激励的部门经理和业务骨干持有，公司按照市场估值的 50%，按照内部价格折算给被激励对象，让其购买然后签订协议，注册完成所有的手续，这就是实股激励。实股激励是激励对象达到了公司设定的经营目标而被公司授予实股的购买资格，实股持有股权完整的权利，实股激励一般是在公司贡献突出，而且过去以及未来都愿意与公司共进退的人。

方案 2 是期权激励。在公司，还有一些员工虽然不能满足工作 5 年以上的需求，但是对业绩也有重要影响，就可以设定期权激励，双方约定在某个时间点期权买方达到某种条件，方可向卖方以约定价格买入约定的数量股票，以 H 公司为例，其估值为 4500 万元，总股数为 1000 万，假如 2019 年 1 月份给了销售部门每人 10 元期权，行权日期为 2020 年的 1 月份，行权价格为 4.5 元，也就是说，到了 2020 年的 1 月份，被激励者可以 4.5 元每股的价格购买公司股份，如果到了那个时候公司的股价是 10 元，那么被激励者可选择行使权利，以 4.5 元每股的价格买入，按 100000 股计算，那就等于花了 40 多万元的价格买到了市场上价值 100 多万元的股份，但是如果 2020 年 1 月份公司的股价为 2 元，员工可暂时放弃行权。期权激励是在约定好价格时间业绩数量后，在未来形成的一种激励方式，对员工锁定了行权价格，只是在股份价格超过行权价格才行权，几乎没有风险，这也说明员工想要利益兑现是需要在公司整体业绩提升的基础上才能实现的，因此激励效果也比较明显。

方案 3 是期股激励。期股既可以通过出资购买来获得，也可以通过奖励赠予的方式获得。以 H 公司为例，2019 年年底可与被激励团队约定，如果 2020 年公司业绩上升了 30%，每人可获得 8 万元，约定股份锁定期为三年。在到期前转让和变现的，就不能免费获得 8 万元。因此期股可以说是有激励也有约束的作用，期股激励是经营者获得的一种权利，通常不用支付任何资金，个人利益不会受损，因此期权只是重在激励，约束的作用会比较弱。

方案 4 是在职分红股。所谓在职分红，就是在职的时候可以进行分红，不在职的时候就没有分红，这种股份没有经过工商注册的，他只有分红权，没有投票权和决策权、转让权和继承权等权利。以 H 公司为例，2019年年底，可与被激励团队约定，每人可获得8万支分红股，假如2020年公司可分配利润为500万元，那么在职分红的员工其在职分红的金额为500万元可分配利润，比如1000万股，股数乘以8万支分红股就等于4万元。在使用分红股激励时公司可设定可获得分红股的激励门槛，如岗位设置要求，激励对象工龄的标准设置等等，经过相关规则筛选后，我们根据激励对象职级系数划分其获得分红股的数量。

方案5是干股激励。干股不同于一般意义上的企业股权，公司为了更好地激励核心员工，在公司内部无偿地派发一定数量的干股给公司核心员工，其持有者可以按照虚拟股票的数量，按照比例享受公司的税后利润的分配。以H公司为例，先确定好激励对象，比如具有1年以上的工龄，担任高级管理职务的总经理、营销总监、财务总监等，再确定股数，总经理12万股，营销总监8万股，财务总监8万股。当然分红金额可参照再次分红的方式，由于该股股东也不用投入股金，因此可以设定当年分红兑现和结转下年的兑现比为8：2，也就是说，当年发放分红现金的80%部分，剩余的20%部分进入个人分红账户，然后累计结转到下年的分红所得中，如此循环滚动，干股通常是无偿赠送的股份，通常是对公司过去，或者是将要做出重要贡献的人的激励，有时也用于吸引某些有资源的人，赠送干股应该已经获得董事会甚至是股东会的同意，因为它涉及了股东的利益，会造成股东权益的结构改变。

方案6是虚拟股激励。虚拟股多用于企业员工股权激励，覆盖面更广一些，如H公司设计主管级以上的员工、持续为公司工作两年的核心员工，根据不同岗位设置可认购股数，如经理级别认购数量在40万~80万股，主管级别认购数量在20万~40万股，价格为对外融资的50%，都可享受分红和增值的经济性权益。因为员工在参与工作，可给予部分表决权，有助于提升激励效果，虚拟股激励是公司以折扣价格给予激励对象的一种虚拟的股票，激励对象可以享受一定数量的分红权和股价升值收益，通常不能随意转让和出售，中间离职时，大股东按照约定规则回购。

以上这些方案阐述的就是利用不同的股权对公司核心员工进行激励的方式，不同的企业也可以采用不同的、更加科学的股权激励方式。

# 六、前途账户

## 晋升机制——让员工从差距中找动力

有了利益的激励之外，还有一种激励能够让员工产生动力，那就是让他们看到差距和公平。任何一个员工到企业或者在公司，他能否长期待下去，主要看两个方面，一是上升空间，一是收入差距。

职务上升空间就是说一家企业有没有可晋升的级别，如果一眼望到底，那么员工就不会有动力，这叫职务上的没有差距。另外，收入的差距对于员工的激励也非常重要，差距越大动力越大，差距越小动力越小，差距为0动力就为0。所以一个公司的员工和团队的动力，核心来自哪里呢？绝大部分的动力来自收入和收入之间的差距。如果同级同类岗位，他们a员工和b员工之间的收入差距很小的话，基本上可以断定，这个工作岗位的工作内容是没有人会全力以赴地去操心的，员工一旦不操心，老板就会非常操心。

在企业中最为操心的部门、最能够全力以赴的部门就是营销部门，因为营销部门的收入差距特别大，它不是旱涝保收，而是靠着能力与营销成功来赢取高提成。所以，营销团队有一个月赚两三千元的，也有赚两三万元的，这样的差距一拉开，同时也能拉开员工的斗志。而其他的部门因为没有多少差距，所以员工也会变得比较懒散，干多干少一个样，往往让员工没有多少动力。

有一个南京的客户，他是做击剑培训的，手底下有好几个做击剑培训的老师，他们的老板来请教我，说："包老师，我发现一个问题，公司的很多指令和政策执行不下去，尤其在哪个维度的人员执行不下去呢？就是培训老师这个维度执行不下去，因为他们很抱团。"对这个问题，我们分析了各种情况，后来我了解了他们的薪资结构，发现老师之间的收入差距太平均，底薪都偏高，提成偏低，所以导致他们的收入差距拉不开，最低的可能在5000元，最高的也只在7000元。

所以，当员工和员工之间的收入差距很小的时候，员工会特别抱团，会统一来抵制老板的一些政策和指令。所以我给他一个方案，让他回去一定要拉开员工和员工、老师和老师之间的收入差距，拉开收入差距让他们你争我赶，每个人都要力争上游，变得有更高的收入。同时那些更高收入的人，他们已经很明确，为什么我有这么高的收入呢？因为我听老板的话，我按照老板的指令行事，所以我的收入上升了。

这样一来，同事与同事之间形成的是竞争关系，而不是抱团关系，他们会清楚，利益来自老板，会从之前的员工抱团转为偏向老板。另外，让

### 企业自驱动系统：机制驱动团队自运营的奥秘

他们也能清楚自己的立场，明白自己要靠能力去赢得收入，去跟老板和高管级别的人看齐，而不是跟同级别的同事抱在一起混日子。

所以，这是我们说动力系统里面的第一个关键的要点，叫作差距。那么第二个关键要点，还要兼顾公平，如果一味关注差距，会导致很多人有逆反的心理，因此要把差距和公平同时兼顾。

我在浙江有个学员，他们有四个学校，四个股东各分管一个学校，在这四个学校中每个股东都有股份，他们的薪资结构是每个股东都是1万元的底薪，同时还有各个校区的实股分红，一个是干股分红，一个是实股分红。后来股东和股东之间会出现一个嫌隙，比如一校区、二校区、三校区、四校区，一校区是一个非常成熟的校区，二校区是在市中心的一个校区，三校区、四校区一个新开了只有一年，还有一个新开了只有半年，并且是在郊区，人流量、客流量本来就不好，但是他们拿的底薪却是一模一样的。四个校区的校长都拿1万元，那请问有没有差距？当然没有差距。那么有没有公平呢？也没有公平。很简单，一校区是一个非常成熟的校区，它的客流量已经现成了，不需要校长再去努力了。第二个，二校区虽然不像一校区那么多年，但是它在市中心，它的客流量本来就非常大，所以这个时候，如果他们拿的底薪和三、四校区这种在郊区新开张校区的底薪一模一样，校长和校长之间，股东和股东之间心里面一定会有障碍，有嫌隙，就会闹矛盾、闹意见。三、四校区因为是新开的，而且又在郊区，所以他们的客流量本来就少，经营下来甚至连盈亏平衡都没有达到，也就意味着他们年终的分红都是0，没有分红。而一、二校区，他们不仅有1万元钱的底薪，而且年终会有很多的分红，还有实股的分红，所以他们的收入会远远高于三、四校区的校长，所以这相对而言是不公平的。

那么我的建议是，一、二校区的校长，必须把他们的底薪进行一个调整，调得低一些。三、四校区的校长，因为他们现在没有提成，也没有年终的股权分红，所以他们的底薪适当调高一些，弥补一下他们当下的损失，这就能兼顾一下公平。

## 学习机制——利益之外的个人成长

企业要做长久，就一定要注重企业文化的培养，初级水平的企业靠个人能力，中级水平企业靠制度，高水平企业靠价值观和文化，员工的成长是企业进步与成功的关键。

如何让我们的员工快速成长起来，团队管理中，有一个叫作"1+4+7"的法则：

"1"代表一个目标，就是要培养一群善于解决问题的人，而不是自己去解决所有的问题；

"4"代表四个原则：一是员工要可以解决问题，哪怕是很笨的方法也不要去干预；二是不为问题找责任，鼓励员工多谈哪个方法更有效；三是当一个方法走不通，我们就要去引导员工找其他的方法和途径；四是发现一个方法有效的时候，那就把它教给你的下属，下属有好的方法，我们也一定要继续学习。

"7"代表七个步骤：第一，创建我们舒适的工作环境，能够让你的员工有更好的积极性、创造性去解决问题；第二，调节我们员工的情绪，让员工从积极的角度看问题；第三，找到合理的解决方法，帮员工把目标分解，让目标清晰有效；第四，调动我们的资源，帮助员工解决问题，达到我们想要的目标；第五，赞美员工某个正确的行为，但一定不是这种泛泛的赞美；第六，让员工对工作的进度做有效的自我评估，让员工找到完成剩余工作的一些方法；第七，引导员工向前看，少问你为什么，问你怎么办。

大家都知道，人才不是公司的资本，只有那些能够和你共同朝着一个方向努力的人才，才是企业的资本，所以人才的核心问题就是领导力的问题，领导得好，员工才能跟着你成长，或者说，为什么你值得别人跟随呢？一般从三个层面来看，领导得好，员工就能得到成长。

第一，领导业务的能力。跟着一个优秀的领导者，有业绩、有成果，有结果，团队由胜利走向更加成功的胜利。那这个层面上，我们要考虑到，领导者是不是能够带领大家完成超越，实现业绩上的目标，这点非常重要。大部分员工的成长都是在做业绩的过程中经过实打实的操练获得的，所以领导本身"带兵打战"的业务能力非常关键。如果员工跟着你学不到东西，就不会有更大的动力继续留在企业。尤其是新员工，他们进入一个企业的首要目的是学会技能，提升自我价值，然后才会考虑更大的发展。

第二，员工跟着你是因为会有归属感，跟着你的团队，大家一起做一些非常有意义的事情。当你的员工要离开你的时候，他们会非常舍不得，当你要离开你的员工的时候，作为领导者也会舍不得，那么这就是一种归属感。而这种归属感，会让员工不愿轻易离开，他们会觉得，放弃会很可惜，所以在这个层面里，领导力的存在就是因为人跟人之间建立起来的这种人际关系。

第三，领导的价值观。别人为什么要跟着你去拼，为什么要努力？那么其中最根源、最核心的东西，就是因为大家在做一些我们所有人都觉得非常重要的事情，因为这些事情，对我也有意义，是不可以妥协的一些东西，所以大家有共同的价值观走到一起，叫作价值观的共鸣。

从管理者的角度出发，想要团队成员获得成长，至少应做到赋能、释放、引导、尊重、融合。要能让员工看到蓝图和目标，以激发成员的自主参与意识。管理者要敢于释放权力，让员工承担责任，只有敢于让员工承担，他们才能成长得更快。

另外，无论如何都要建立在对员工尊重的基础上，从人生观、价值观、方法论方面的影响力去影响他人，而非利用权力去驱动员工，每个人都有体面工作的权利。融合在于营造一种公平、积极、创新、共享的组织文化，打造一支协同作战的队伍。

## 创业机制——辅助员工成为创业队友

真正让员工感觉在这家公司是有前途的方式，除了打造科学的晋升机制和学习机制之外，还有更好的方式就是把员工也发展成为企业的经营者。无论是阿米巴经营模式，还是华为的事业合伙人，无论是海尔的平台主自体模式，还是韩都衣舍的小组制，事实上都是一种创业机制，辅助员工成为了创业队友。最主要的是，把员工当成合伙人，企业也会得到更大的发展和赢利。第一，员工被当成创业队友以后，心就会留在企业。员工出了力量，把价值贡献给了企业。第二，员工更加关注盈利，也懂得去管控成本和费用，如此一来员工齐心了，个人的收入与团队的利益也紧密结合在了一起。最重要的是，员工不再计较当下的得失，能站在企业发展的高度去做好经营和服务，员工收入增加了，会为自己创造更多的回报，老板自己就会较之前变得轻松了，核心人才的流失也就降低了，如此一来整个企业就会形成一个正向的循环。第三，员工对自己的定位也变了，从之前领薪水的打工者变成了一起创利益、分享利益的合作者，从被动的分享到主动地贡献。

另外，将员工当成创业队友也有利于打破传统组织的弊端，能够将庞大的企业运营划分为"小集体"，也就是构建公司中的公司。在企业中，以各个"小公司"为核心，自行制订计划，独立核算，持续自主成长，让每一位员工成为主角，"全员参与经营"，打造激情四射的集体，依靠全体的智慧和努力完成企业经营目标，实现企业的飞速发展。

相比传统组织而言，让员工成为合伙人的模式能够实现"服务企业战略、最大限度划小、独立核算、独立完成业务、责权利一致性"等诸多好处，把企业整体划分为一个个能够自主经营、独立核算、自负盈亏的自营利组织。

一个大公司或企业被拆分出多个"公司中的小公司"，并不是随意划分，而是根据一套严格的标准拆分的，每个"小组织"的存在是为了强化责任和目标，比划分前更容易锁定责任人，在出现问题时也可以有效避免推卸责任的情况。"小组织"的架构需要满足几个条件（见图6-1）：

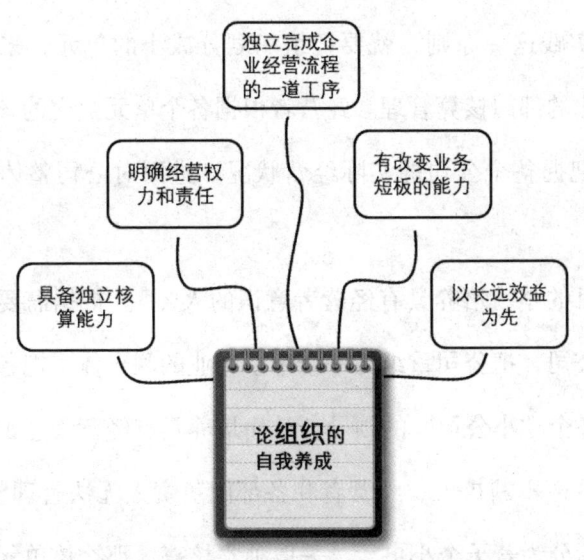

图6-1 "小组织"的设定条件

合伙组织是以价值流程为中心，而不是部门职能来构建组织结构。由于企业组织架构得到了细分，最基层的组织也能够最大限度地发挥公司整体的能量。更重要的是，企业全体员工经过组织划分后，由于责任细化，他们会萌生一种经营自家企业的意识，工作更加积极主动，从而在公司中传递源源不断的正能量，有助于实现企业的长远目标，比如：

1. 实现全员参与的经营；

2. 以核算作为衡量员工贡献的重要指标，培养员工的目标意识；

3. 实行高度透明的经营；

4. 自上而下和自下而上的整合；

5. 培养领导人。

第一个目的是实现全员参与的经营。意在"确立与市场挂钩的部门核算制度"，公司经营的原理和原则是"追求利润最大化和费用最小化"。为了在全公司实践这一原则，就要把组织划分成小的单元，采取能够及时应对市场变化的部门核算管理。经营者根据各个单元提交的核算情况，就可以准确地把握整个公司的实际经营状况，进而对公司整体进行细致的管理。

第二大目的是"培养具有经营者意识的人才"。根据需要把组织划分成若干个小公司，把公司重组为一个中小企业的联合体。把各个单位的经营权下放给各个"小公司"的领导，从而培养具有经营者意识的人才。即使是在公司规模不断扩大、经营者和各部门负责人无法管理整个公司时，只要把组织划分为若干个小单元，采取独立核算，那么该单元的领导就可以准确地把握本单元的情况。同时，由于划分后的组织人数少，因此，主管这些小单元的领导可以比较容易地掌握日常工作的进展情况，进行工序管理，即使没有特别高的管理能力和专业知识，也能够正确地进行本部门的运营。

尽管是个小单元，但像这样被委以经营权后，单元领导会树立起"自己也是一名经营者"的意识，进而萌生出作为经营者的责任感，尽可能地努力提升业绩。这样一来，大家就会从作为员工的"被动"立场，转变为作为领导的"主动"立场。这种立场的转变，正是树立经营者意识的开端，于是，这些领导中开始不断涌现出能与老板一同承担经营责任的经营伙伴。

第三个目的是"实现全体员工共同参与经营"。我们要激励全体员工为了公司的发展而齐心协力地参与经营，在工作中感受人生的意义和成功的喜悦，实现"全员参与的经营"。

如果全体员工能够积极参与经营，在各自的岗位上主动发挥自己的作用，履行自己的职责，那么他们就不仅仅是单纯的劳动者，而将成为并肩奋斗的伙伴，并会有经营者的意识和责任感。如此一来，每当履行了自己在工作的职责之后，就会感受到工作的喜悦和成就感。那么，他们就不单单是雇员，而是独立经营者和并肩奋斗的伙伴，具有作为经营者的意识来有效控制企业成本，达到利润最大化。同样，因为员工由被动接受管理到实现了主动自负盈亏，个人的主人翁意识也在提高，管理水平也会有所改变，无形中对于员工的培养和领导潜力的挖掘，都有很大的帮助。

把员工当成创业合伙队友的模式让员工变成了一定程度上的经营者，

让他们有主动权，有参与意识和自主创造的行为方式。这种模式，也代表一种去中心化。原来的企业有很多中心，所有的领导都是中心，每个员工都有他的上级，上级就是他的中心——甚至多中心，有很多的上级。去中心化，不仅仅是社会的中心，也要去企业内部的中心。

这样做以后的企业会变成什么样呢？原来企业有很多很多层次，然而现在只有三种人。这三种人互相不是领导被领导的关系，而是创业范围不同的关系。

第一种人叫作平台主。所谓平台主就是说你本来管了很多工厂，很多车间，但是你现在是一个平台。不是管理这些车间，而是让你通过这些平台来产生创业团队。

第二种人我们叫作自主经营者，他可以是一个独立的部门，也可以是供应链上的某一个环节。

第三种人，是正在成长起来的普通员工，以备后续再加入一个独立的创业部门。

所以，未来的企业搭建成合伙制的组织架构，其内核是要实现全员参与，实现共同创造价值。叫每个人都来创业，每个人都来体现自身价值，从而达到共同创造价值的目的。

## 七、情感账户

### 温暖机制——信任和授权，不怕员工犯错

　　松下幸之助说过："最成功的统御管理是让人乐于拼命而无怨无悔。"这显然不能靠强制，而只能靠信任。如果企业给予员工充分的信任和放权，不怕员工犯错，这本身就是对员工的一种精神激励，这种激励会带给员工满满的信心与力量，所以这也属于情感账户中的温暖机制。

　　无信任不授权，授权的关键点在于是否真正的信任，管理者授权的时候，如果缺乏信任，就会使监控不肯放手，也会使被授权的人根本不能用好自己的权利，所以没有信任就谈不上授权，否则，这样的授权仅仅是一种表面现象，没有实质的意义。当企业管理者和下属授权的时候，应当充分信任下级员工。

　　企业要想做到代代相传，一定要建立在授权的基础上，再强势的管理者也会有照顾不到的角落，要随时随地诠释企业的文化，授权给员工让他

们放手去干，这样的企业才会有生命力。对公司的员工给予信任，充分地授权，允许他们犯错，即使他们工作做得慢又或是与自己方式不同，也绝不要插手，要忍受过错，把它看成是对员工成长的历练。只要员工犯错是无心之过，就等于给员工交了学费。如果为了防止员工犯错而不敢放手，他们又怎么能成长呢？只有在充分信任和授权的企业氛围中，才能培养出独当一面的人才，也才能形成强大的接班人队伍。

授权与信任密切相关。一个企业经理，如果不相信员工，就很难授权于员工，即使下放权力也是形同虚设，管理者一方面授权于员工，另一方面又不放心，对于有才干的人，他还怕以后不好管理。想让员工发挥工作方面的专业知识，却又干涉员工的具体业务，甚至公开怀疑员工，指挥中层管理者，造成被动等等，都不利于员工进行创造性的工作。要发挥员工的积极性和创造性，一方面要放权给你的员工，让他们有自己的决策权，另一方面要设身处地地为员工着想，勇于承担工作中的失误，不要有了成绩就是管理者的英明，出了差错就是员工的问题。

信任基础上的授权可以激发员工强烈的成就动机，使人全力以赴。当然，也有人觉得这样的信任会不会太草率了，如果员工在操作过程中出现失误，造成损失怎么办？我们这里说的信任有一个前提，就是对他的能力进行过深入考察，"人非圣贤孰能无过"，既然你决定授权给他，就要充分信任他，允许他犯错，有失误才会有进步，这样才会产生巨大的能量。因为在信任中授权，对员工来说是一件非常兴奋的事情，它极大地满足了员工内心的成功欲望，员工也会因此工作积极性高涨，这就是最宝贵的。

对于信任和授权，华为设定了很多头衔或者职权，相应地有明确的职位描述和评价机制，这里面最关键的是真正的实权，华为公司会进行充分的授权，比如公司有董事会，下面会设若干的董事和监事长、监事等职务，同时华为还设有各类委员会，包括战略委员会、薪酬委员会、审计委员会、风险管理委员会等等，正如前面我们提到过的，能够进入这些委员会里面的员工，不仅意味着权力的分配，同时也意味着公司对他们的一种认可。另外，华为还有一套轮值 CEO 机制，也是一种权力分配，权力会被分配给核心高管，还有各种首席专家、各个事业部、各个区的总裁，华为这种非常完善的权力分配方式，一方面让员工有成就感，另一方面也让工作更有成效，从而带来了非常显著的积极效果。

因此，管理者授权给员工的时候一定要注意，既然他有能力，就让他大胆使用手中的权力去努力工作，而不要把这些权力抓得太紧。试试让那些有能力的员工抓大头，让他们去决策，相信他们一定会给你一份满意的答卷。

## 荣誉机制——把员工当队友，不能当家人

根据马斯洛需求层次理论，人在物质满足的基础上，会追求更高层次的心理需求，被尊重的需求就是其中一种。而荣誉对于每个人来说都很宝贵。享有荣誉，可以说是既得到了高层次的心理满足，又得到了被尊重的

满足。荣誉激励法是激情的催化剂，如果说自我实现，是人类最高层次的需要，那么荣誉就是一种终极的激励手段。

企业对于员工的荣誉激励分为很多种，比如，发放荣誉证书，会议表彰，在公司内外媒体上宣传，休假疗养，外出培训进修等等。著名的跨国公司 IBM 有一个 100% 俱乐部，如果公司员工能够完成年度任务，就会被批准成为该俱乐部会员，他和他的家人就会被邀请参加隆重的聚会。这家公司的员工都将获得 100% 俱乐部的会员资格作为第一目标，以获取那份荣誉，公司通过这种方法，很好地激励到了员工。

荣誉激励机制解决的是员工工作意义的问题，赋予工作意义更多导向员工内在的自我激励，在这方面，华为有很好的经验。华为设置了非常多主题突出的荣誉奖项，包括蓝血十杰、金牌团队、金牌个人和明日之星等。任正非本人也非常重视这些奖项，很多荣誉奖项的奖牌和奖杯都是由他亲自确定，并且亲自颁发获奖团队，华为公司的每一个奖项都有其设计的目的，并有相应的评选标准，比如说，金牌奖分为个人金牌奖和团体金牌奖，主要目的是奖励为公司持续的商业成功做出重大或突出贡献的团队和个人，是公司授予员工最高的荣誉性奖励。还有"天道酬勤奖"，设置的主要目的是激励长期在外艰苦奋斗的员工，评选的标准包括在海外累积工作了 10 年以上，或者是在艰苦地区连续工作 6 年以上，或者是全球流动累计 10 年以上的员工。还有针对新员工的"明日之星奖"，设计目的主要是营造人人争当英雄的一种文化氛围，针对那些入职不久的新员工，对他们来说也是一种比较好的奖励。

荣誉激励还包括集体荣誉激励。通过给予集体荣誉，培养员工的集体意识，从而产生集体自豪感和光荣感，形成自觉维护集体荣誉的力量。

那么，荣誉激励的方法具体来说有哪些呢？

首先，给员工一些头衔。比如，对在各部门或领域有突出表现或贡献的员工，在工作头衔上企业可以多花一些心思，企业领导即使不能赋予员工实际的职位和权力，也可以毫不吝啬地给员工各种响亮的头衔，虽然头衔不代表真正的利益，但却能在心理上给予员工支持与温暖，让他觉得自己被重视。

其次，奖励休假也是一种好方法。如果员工做出了突出贡献，完成了全年的工作计划，不妨用休假的方法来奖励他们，在其他员工眼里，这样的休假其实也是一种荣誉。而从企业管理获益的角度来看，不但能有效地提高员工的工作效率，还能够引发其他员工对这种荣誉的追求。

最后，写出对员工的欣赏。员工做出成绩后都希望得到上司的肯定，如果仅仅得到上司的口头表扬，虽然也有激励作用，但绝对没有书面表扬更有效更正式，最好的方式是管理者把自己对员工的欣赏写出来。因为口头表扬随着时间的流逝，会让人遗忘，而书面表扬就算是一个小小的便条，也会永远存在，这并不需要花什么钱，也不会占用太多时间。比如，可以给员工写感谢卡，每当员工做了值得赞赏的事情，部门领导就在上面写上一条，详细写明他的成绩及对他的评语。此外，对表现突出的员工颁发证书或奖状，其激励作用也是巨大的，虽然员工嘴上不说，但每个人都十分重视这一点，稍微留意一下你就会发现，很多员工都喜欢把这些荣誉悬挂或摆放在宿舍、办公室工作台或家中，员工的工资可能很快就会花光，衣服很快就会穿坏，旅游随着时间的流逝也会变成遥远的回忆，但是证书和奖章却能永远提醒他，曾经得到过怎样的荣誉。另外，企业可以为员工建立业绩档案，这个办法的激励效果也是十分显著的。

所以，荣誉激励法带给员工应有的荣誉，让每个人都有被认可的机会和时刻，获得荣誉的心理使他们感到风光，感到有面子，对于那些在工作中表现非常优秀，且贡献杰出的员工，管理者一定不要吝啬对其进行荣誉激励。因为这样做，会收到惊人的激励效果。现代企业中有很多精明的管理者，都非常善于给员工相应的，甚至是超乎想象的荣誉，来激励自己的员工。

## 感动——员工第一，客户第二

我们都听过"顾客是上帝，顾客永远都是对的"这样的话，这话没毛病，因为顾客对企业来说，就是掏钱的人，就是决定企业业绩的"上帝"，所以非常重要。但是为这些"上帝"服务的人，却是内部的员工，如果没有员工的付出，顾客又怎么能够感知到被尊重而显得自己尊贵呢？所以，要我说，一个企业非要把员工和客户排个重要性的话，应该是员工第一，客户第二。我们只有照顾好了我们的员工，他们才会照顾好我们的顾客。在业界，以服务出名的海底捞，其负责人张勇曾说过："其实每个人来公司是想打工挣钱的，当一个没怎么念过书的员工发现他还可以成为领班成为经理的时候，可能就会迸发出格外的激情，要想留住员工，归根结底还是机制问题，一个公平的、公正的、合理的升迁体系是保证员工愿意干下去的一个前提，除此之外，没有办法。"张勇还说过，与其费尽心思去讨好10名顾客，不如去感动自己的5名员工，因为受感动的5名员工，带给客户的服务远不止感动10名顾客。

所以，想让员工把企业当家，企业就要去感动员工，员工如果没有被企业感动，他就学不会去感动客户。

《海底捞你学不会》这本书最核心的内容就是海底捞对于员工的尊重和关怀，无论从哪个方面都做得非常到位，一般企业能学习海底捞的管理模式，但模仿不出海底捞对员工的爱。从动力系统来看，海底捞给员工的工资很人性化，总工资包括基本工资+级别工资+奖金+工龄工资+分红+员工基金。级别不同的员工每月加60元或40元不等，对于先进员工、标兵员工每月都有100元~500元不等的奖励。一级员工可以享受当月分店利润的3.5%分红，同时还有父母补贴，即给每个店长的父母发工资，每月有200元、400元、600元、800元不等，子女做得越好，父母拿的工资会越多。优秀员工的一部分奖金，由公司直接寄给父母。此外，在海底捞工作满1年的员工，若1年累计3次或连续3次被评为先进个人，该员工的父母就可探亲1次，往返车票公司全部报销，其子女还有3天的陪同假，父母享受在店就餐1次。

在住的方面，海底捞的员工住在有保洁阿姨的宿舍里，冬有暖气，夏有空调，宿舍与门店步行距离不超过20分钟，宿舍都是居民小区或公寓中的两三居室。宿舍内配备电视机、洗衣机、空调、电脑、网络，并安排专门的保洁打扫房间，工作服、被罩的洗涤外包给干洗店。如若夫妻二人共同在海底捞工作，门店会提供单独房间。这样，每一个海底捞的员工都感受到了被尊重的幸福，内心充满感动，所以才会挖不走，才会在工作中充满热情地服务客户。

所以，企业要想做大做强，离不开员工的努力，想要让员工努力，就要在情感上打动员工，让他们感动。

## 倾听和认同——员工心声讲的越多，情绪越少

倾听和认同是对某人观点认同最直接的表现，如果管理者能够对员工认同，那么就会倾听他们的心声。有人说最高境界的沟通，就是让对方滔滔不绝地透露自己的想法，让谎话连篇的人在长篇大论中露出马脚，让满腹忧愁的人将隐藏的心事全盘托出，不要急于表达，耐心倾听，其沟通的收获往往会更大。尤其是在企业管理中，当领导者想要有效地掌握下属的情况，了解真实信息的时候，就必须学会倾听他们的想法，这样才能让自己处于主动地位。同时，如果员工能够感受到自己的心声被重视和倾听，那么就会感到温暖，也会把自己更多的创意或想法和盘托出。

就像俞敏洪曾说起自己的管理心得时提到的，他经常对员工说："目

前公司的策略，我的想法是这样，你有更好的方法告诉我，你看看还有什么更好的方法。我喜欢用这种方法跟我的干部去沟通，这个对他们来讲是一个激励，一方面我认同他，这方面我不认为他很笨，另一方面我认为他可能会超过我，所以他们很受激励，即使没有听到这个话也会非常的舒服。"

可见，高明的领导往往是倾听高手，让员工多讲，最重要的是，当员工的心声被倾听和认同时，他们的情绪相应就会减少。这样企业无形中就掌握了员工内心的真实想法，更加利于管理。

一个善于倾听的人，在别人的心中是一个健谈的人，尤其是夫妻朋友，还有领导者与员工之间更是如此，懂得倾听的领导者，对员工的关爱理解是调节彼此关系的润滑剂。在生活和工作中每一个充满烦恼和喜悦的人，他都有一种渴望，那就是被人倾听，而且希望倾听者能够给予理解与支持。在倾听者与倾诉者交谈的过程中，占据主动地位的往往是倾听者，而且倾听的专注与认同的表现，可以直接影响着倾诉者的情绪。

在倾听员工的时候一定要真诚并且专注，大多数管理者偏重于说话的技巧和表达能力方面的学习与训练，而忽略了听话的重要作用。

倾听别人说话等于敞开自己的心扉，是取得良好沟通效果的前提条件。如果一个人不仅不肯倾听别人说话，只顾自己说话，而不把别人放在眼里，即使拥有说话技巧，也只能说是臆想之言，终究不会赢得别人的尊重和敞开心扉的交流。

学会倾听，可以从高效倾听三要素着手（见图7-1）。第一，全神贯注地听别人说话，眼睛注视着说话的人，脑子里要设法撇开其他的事情，将注意力集中在谈话的内容上。第二，耐心倾听，不要轻易打断别人的话，不要因为对方叙述平淡，也不要在别人结结巴巴讲不清楚的时候流露出烦躁和责怪的神情，更不要在别人讲不同意见的时候听不下去，或是反驳或者争吵。第三，对别人说的话要积极去响应，通过点头微笑等手势体态作出积极的反馈，回应他要表达的意思。

**认真倾听**
眼睛注视
不走神

**耐心倾听**
不打断
不急于反驳
不争吵

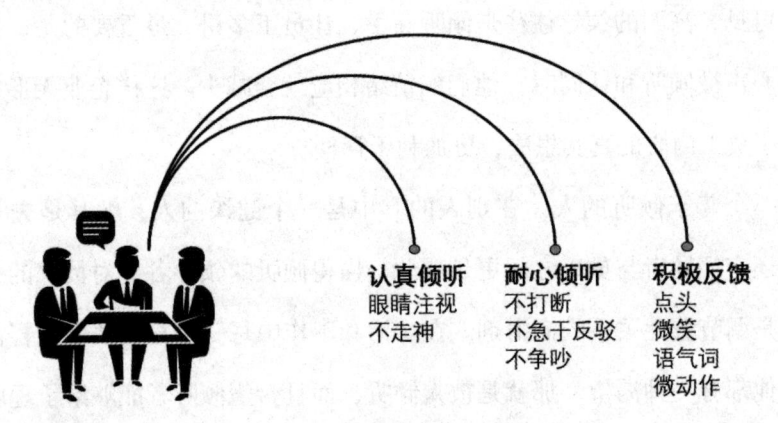

**积极反馈**
点头
微笑
语气词
微动作

图7-1　高效倾听三要素

认真倾听别人说话的人，会让人感动。别人会觉得这样的人是一个值得交往的朋友，并愿意与之相处。这样的人也容易让别人更加愿意敞开心扉去说出内心的真实想法，从而实现更有效更好地沟通。专注凝神地倾听别人说话，会获得更大的成功。所以我们讲，领导者要学会倾听员工讲话，这是对员工起码的尊重，也是对员工变相的一种激励。

## 第二篇

## 愿力系统

## 八、老板愿力

### 成就客户——先赢得客户，再考虑赚钱

现在真正能够赚钱的企业往往得益于四个字：成就客户！然而我们大部分企业却是一门心思只想着成交客户而不是成就客户。

有不少企业管理者问我，感觉成交客户特别难，冲业绩更不容易，而且原本是自己的客户却很容易就被别人撬走了。这是为什么呢？大部分营销想着都是如何去卖给客户，而从来没想过这个产品要解决什么问题？卖给客户是站在自己的角度去解决问题，而了解产品能解决什么问题是站在客户需求的角度上看问题。客户用了产品是否满意，产品能够解决客户哪方面的痛点？这个产品性价比是不是高？这样多种因素去考虑才是真正为客户着想。

客户处于社交媒体时代，早已厌烦了煽动式的销售模式，甚至还可能会对此产生恐惧感和恐慌感，因为早期这种销售模式让我们买到太多让自

己后悔的东西。所以客户现在买东西会更加慎重，对于广告火爆但品质无法保证的产品，他们早已敬而远之，反而会去关注一些不是很火爆，但质量有保证的产品。这可以说是现代人有购买需求时的一些心理，而我们作为卖东西的一方，要抓住这些心理状态，打消客户的疑虑，这样才会让客户自愿买单。

如今，无论什么行业，都会涉及销售，所以不管是员工还是老板，都需要思考"客户怎样才愿意为我们的产品买单"。在这个产品多样化的时代，你的产品并不具备唯一性，客户为什么愿意弃他选你，其实关键就在于"你"。所以，要成就你的客户，理解客户的需求，与他们建立感情。

营销的过程就是一个与客户建立信任的过程，企业去成就客户，客户才会心甘情愿来买单，所以，一个老板想要经营一个好企业，并且达到永续经营，第一步就是爱上你的客户，不要总想着去成交，而要先想着去成就。

## 成就员工——给别人一个追随你的理由

一个公司，老板的力量是有限的，再牛的老板，也需要伙伴和团队一起努力，才能让公司良性运转。所以，老板最希望的是有一个能力强又忠心的团队，希望员工能够死心塌地追随自己。事实上，如果要让员工死心塌地地跟你走，首当其冲的应该是要了解他们的梦想，在一个公司平台，无论是销售部还是策划部，每个部门的小伙伴都有自己的梦想。知道了他们的梦想，还应该为他们搭建一个可以实现梦想的平台和路径，这样员工才愿意追随你。

随着员工年龄结构的不断变化，领导者必须及时转换管理风格，好的领导不是强迫他人服从，而是让别人自愿追随。员工因为得到了自己想要的东西，他才会爱上企业、爱上领导，从而自动自发地为自己和企业的共同利益而努力。

所以，老板要时刻想着去成就员工而不是压榨员工。我在课上一直对企业老板说：老板要从企业中解放出来，从最开始的让员工为自己干，转变为员工自己干。很多老板觉得无法成就员工，是因为行业不行、经济不行等原因，然而根本原因就在于老板从最初创业的时候就是让员工为自己干，所以老板无法真心实意地去成就员工。在真心实意地去成就员工这个点上，华为领导者尤其重视。任正非鼓励员工多挣钱，改变自己的命运，改变家族的命运，同时实现自我超越。在创业初期，华为还没有多少钱可分的时候，他就跑到员工中间跟他们聊天，给他们画一幅美好的图画：将来你们都要买房子，要买三室一厅或四室一厅的房子，最重要的是要有阳台，而且阳台一定要大一点，因为我们华为将来会分很多钱。钱多了装麻袋里面，塞在床底下容易返潮，要拿出来晒晒太阳，这就需要一个大一点的阳台。

这样的宏图谁不喜欢，员工一听老板的梦想是把事业做大，给自己分到更多的钱，试想想，哪个员工会不卖力？

很多企业天天研究制度，设计罚款，这个做不对要罚，那个做不对要罚，这样的制度，目的是约束员工；而有远见的企业和管理者却是天天研究机制，机制是为了引爆人，成就人，这是二者本质的不同。制度约束员工，机制成就员工，而真正学会机制系统的管理者，在制定公司激励方面就会更加科学合理，多用激励去激发员工的斗志，而不是用制度去挫别人的锐气。

马云说：优秀的人才，工资再高都是免费的。可见，以人为本是人力资源的核心竞争力。员工是企业的重要资本，企业的竞争，关键是人才的竞争。企业的发展，关键是人的发展。从这个意义上说，好企业的根基离不开人才。比如，员工与顾客只会走进有笑声的企业。如果员工不满意，没有幸福感，他怎么可能表现出良好的状态？他又怎么可能产出好的业绩？提供让客户满意的服务？所以，先服务于本企业员工，让他们找到幸福感，他们才能代替企业去更好地服务客户。

在我看来，人力资源的初心就是"以人为本"。只有先做到对内以员工为本，才能实现对外以客户为本。

## 成就自己——老板的根基是梦想、信念和格局

有句话说,"兵熊熊一个,将熊熊一窝"。可见,一个团队的灵魂人物是"将",是领头的老板。对于一个企业来说,不仅需要激发整个团队的动力、愿力,更首要的问题是要先解决老板自己的动力、愿力和能力。老板的梦想、信念和格局是决定一个团队能否成功的重要因素。

真正具有创造力的团队,管理要做好需要靠管理者的管理艺术,但是这并不是一件简单的事情。团队不仅仅指的是一队人,而是指一群能够一起完成某些工作,有着共同的使命并努力奋斗完成目标的人。

管理者想要管理好团队,可以先管理好自己。作为一个团队的管理者,首先要自己先做好,才能成为团队的榜样,管理者的作风如何,对员工都有着潜移默化的影响。管理者勇于承担责任、勇于出头、不断开拓不守旧、能够有预见性地思考可能遇到的问题、帮助自己的团队逢凶化吉、化解难题,可以在团队中树立起领导的形象,提高管理者的威信。管理者具有创造力,才能带动员工具备这方面的意识,明确努力的方向。管理者的信念和格局往往影响着整个团队的走向。

格局关系到一个人的生存状态和生活方式,小到每一次的待人接物,大到对某个重大事情做出决策,格局的高低决定结果的不同。我们谈到一

个人的成功，往往会联系到他的人生格局，提及失败的时候，也少不了从人生格局入手，寻找问题的根源。因为格局体现了一个人对这个世界的看法，以及在相关意识形态指导下产生的现实表现，这些都直接决定着一个人人生的最终结局。无论人的外貌多么完美，也只能在初次见面时起作用，来自格局的魅力却可以历久弥新，散发出迷人的气息。格局深入骨髓，与我们的灵魂直接相连，它反映出了你的性格、思维习惯、行为方式、意志品质等等。这一切如果能够适应时代发展，在开拓进取的道路上不断更新，那么你势必会成为一个大格局的人，人生结局也终将是成功的。

任正非在创办华为之初，便有了要把华为做大做强的强烈愿望，这是华为推行股权激励计划最原始最基本的动力。想把事业做大离不开人才，尤其是能一起打拼的人才，所以他有了让员工持股的打算。股权激励一方面可以让优秀的人才死心塌地地跟着自己干，另外一方面可以解决企业发展资金不足的问题。试想，如果不是任正非的雄心和野心，加上对事业的梦想执着，只想当一个赚点钱过小日子的小老板，那么，他根本不可能有让员工持股的想法和打算。所以，老板的梦想有多大，企业发展的格局就有多大。由于华为实行员工持股计划的目的之一是获取发展企业所需要的资金，所以一开始华为的员工持股就是要员工掏钱购买公司的股份。这样做在当时是很大的一个创新，往前推二十年，不会有人冒险去这么做，即便是有，也会受制于两方面因素：一方面是人们没有那么多的钱来购买公司股份，另一方面当时政策不成熟会有一定的风险。面对这种情况，华为通过公司出面担保，让员工从银行贷款解决问题。

所以，老板的梦想、信念和格局既能决定企业的起点，又能决定企业的终点，这是一个老板要具备的基本愿力。

## 敬天爱人——无我利他的企业家精神

"日本经营之父"稻盛和夫先生的经营理念就特别顺应天时地利人和，并且把这一符合天道自然的说法称为"敬天爱人"。敬天是什么？就是尊重天道，天道就是规律，既然天的运作规律是无我利他，那我们做管理就要做到无我利他，然后才能做到爱人，这也就符合了天时地利人和。为什么稻盛和夫能够成为企业经营之王，三横一竖为"王"，贯穿天地人者，方可为王。所以企业家要具备无我利他的"敬天爱人"企业家精神，才能创造出成就。

稻盛和夫把大企业从泥沼中带出来的例子很多，他以78岁高龄入驻日本航空公司，在非常短的时间之内，彻底改变了日本航空公司的组织架构、会计系统，甚至改变了员工的心态、工作方式以及价值观。稻盛和夫在带领日本航空公司重启并走向繁盛的过程中，是如何做到无我利他并撬动人心的呢？

1. 用零工资给大家做表率

稻盛和夫零工资的奉献，使全体员工都受到了巨大的精神鼓励。在他接受政府的邀请出任公司董事长时，已是快 80 岁的老人，却愿意不领一分钱的工资为日本航空公司的重建奉献最后的力量，给全体员工树立了好榜样。

2. 尽最大力量保护员工

根据政府再生支援机构的要求，裁员是不可避免的，但稻盛和夫更希望可以尽可能地保护员工，让他们留在公司里。他之所以要答应政府的邀请，就是因为他知道，一旦这家企业倒闭，必然会影响到日本经济，所以一定要尽可能地保住更多人的工作机会。

3. 不打无准备的仗

稻盛和夫在担任董事长后，做的第一件事是，给日本航空公司确定了一个经营目标，并让每一个员工都牢牢记住，明白自己的工作职责。稻盛和夫认为，企业改革的成功，除了关注方案、关注执行外，更多的是关注人心。即使制订的企业方案再好，执行的人再好，也是你让他干的，而不是他要干的。最好的方案是激发他为自己干，因为每个人都喜欢为自己干。

说到底，稻盛和夫真正践行的企业家精神，就是用利他心进行思考和判断，把别人的利益放在第一位。无论是对待客户，还是对待自己的员工，如果能够将别人的利益放在第一位，怎么可能得不到别人的尊重和认可呢？

举个极端的例子，如果你的企业发现客户对自己的产品行情不了解，于是便以高于市场价的价格推销给了对方。当被客户发现后，企业不但不觉得自己欺客有错，还强词夺理说是客户自己要买的，交易属于自愿的行为，所以自己没有错。相反，如果以利他心进行思考判断，就会把别人的利益放在第一位，所以当遇到上述情况时，就会想道："如果卖高价的话，自己或许能赚一大笔，但会损害对方的利益。"于是悬崖勒马，对客户说："我不会让你买贵了的。我会给你提供合理的价格。"这么做似乎在当时有点吃亏，但日后势必能给双方带来共赢的结果。

抱利他之心，行利他之事，经营企业需要这样的企业家精神。

# 管理情绪——喜怒不形于色

我们都知道要做情绪的主人，对管理者而言尤其要具备情绪的掌控力，这个能力在企业的发展过程中扮演着重要的角色。管理情绪的能力高，那么就会拥有冷静平和的处世态度，这是管理者必不可少的素质。如果管理者无法保持一个良好的情绪，经常被不良的情绪影响，很容易影响自己处理与下属的关系，也会使自己失去号召力和团队凝聚力。不懂情绪管理的管理者，因为心情浮躁莫名发火，把下属当成出气筒，轻者会心生怨恨，重者会让下属当场跟我们吵起来，甚至还可能因为忍受不了管理者的臭脾气，愤而辞职。试问一下，这是管理者想要的结果吗？

在我们的课上，有一位企业管理者讲过他自己的故事，因为一次发脾气造成了非常大的损失，让大家引以为戒。

当时，他因为和自己的爱人在家里发生了一些矛盾，带着一肚子的火气来到公司，看到副总正跟下属们有说有笑，就气不打一处来，于是当着众人的面对副总说："公司请你来是干活的，不是请你来讲笑话的。"话一出口，让在场所有的员工都感觉到了气氛的凝重。于是副总平和地回应说："老大，我不是在讲笑话，我是在给他们安排今天的工作。""谁是你老大，你以为这里是黑社会啊。"他这句话一说出口，副总的脸色也变了：副总感觉自己明明尽心尽力给下属安排工作，还要受到上司莫名其妙的批评，更何况是在自己的下属面前被批评，这让他情何以堪。于是副总直接就不干了，带着几个大客户投奔到了竞争对手那边。这件事情之后，这位企业管理者深刻认识到了自己的错误，但说什么都为时已晚。

我们都说，人是情绪的动物，也是情感动物，往往因为无法管理情绪而导致伤了感情。管理企业更要时刻牢记，下属的愿力来自他干活觉得心情舒畅，不然没有人愿意为了挣钱而选择受气。管理者也是常人，难免会遇到情绪爆棚的时候，但如果管理者扮演的是导体，那下属也不会扮演绝缘体，一旦发生情绪引发的"电击"事情，整个企业就如同连在一起的电路，坏情绪会传导、会短路、会烧焦，这样势必会导致企业的运行出现中断，导致很多员工会受到影响并无心工作。如果管理者的情绪不稳定，那么下属有了想法也不敢或不愿意去和管理者汇报或沟通，这样管理者就无法得到下属有效的意见和想法。长此以往，就会影响公司的正常运行。

所以，管理者的情绪不单单是管理者个人的事情，而是关乎整个企业良好运行的事情，如果想要员工有动力，公司氛围良好，首先要学会的不是如何去管理员工，而是如何管理自己的情绪。一个成熟的管理者，应该具备超强的情绪控制力，那么，如何管理自己的情绪呢？

第一，经常给自己敲警钟。人的情绪是无意识产生的，如果在情绪来之前，不断提醒自己不良情绪的危害，告诉自己，坏情绪一产生，如果不加管理，很快就会迅速蔓延至整个公司，并且传染性强影响面广，甚至会导致整个团队信心不健康，精神崩溃。这对于企业来讲是多大的损失，这样一想就会对坏情绪起到一定的对冲作用。不能因为自己的坏情绪让优秀人才流失，因为一个人消化情绪的时间一般是1~3天，下属每承受一次管理者的情绪，就会导致好多天提不起工作的激情。经常这样想就是为自己敲警钟，何苦为难自己的下属呢？

第二，提升管理情绪的能力。情绪不是用来控制的，而是用来管理的。因为情绪本身没有对错，坏情绪也是情绪的一种。但我们却可以学会识别自己的情绪，知道坏情绪要占上风的时候，试着学会转移。比如深呼吸让自己集中注意力，比如心中默念5个数再开口讲话，几分钟之后，你会感到平静很多，对自己的情绪也有了控制感。要去观察自己在不良情绪状态下内心的真实需求，是想对抗还是在逃避：当你想和对方对抗的时候，你的内心充满愤怒；当你批判对方或者攻击对方的时候，内心独白往往是"都是你的错，我真想揍你一顿"等；当你想逃避的时候，你内心往往会充满愧疚感，有不愿意面对的意思，内心的独白往往是"真想尽快结束，真想赶紧离开。"无论你是怎样的，都需要及时地提醒自己，不良情绪会让你的企业利益受损，团队氛围受影响，会让自己失去人心等等，来迫使自己保持平静。

当一个管理者能够做到喜怒不形于色，并且豁达平和的时候，本身就具备了强大的性格魅力。同时，这也会成为影响员工的因素，以及为下属树立一个可以值得效仿和学习的榜样。

## 学无止境——做学习型的管理者

我们都知道学习的重要性，无论是普通人，还是身居高位的管理者，都离不开学习。尤其在知识更新日新月异的今天，不学习等于逆水行舟，不进则退。只有不断学习，对知识时刻保持饥渴，才能做到与时俱进，从而带领企业团队高歌猛进，走在时代的前列。在现在竞争如此激烈的时代，企业很容易被时代所抛弃。不少企业管理者以为自己经验丰富，不学习也没什么关系，事实上，经验不等于知识，要想提高自己的管理能力和工作技能，既需要从实践中积累经验，更需要理论学习赋予我们的专业技能。要知道，没有人天生就是卓越的领袖，只有坚持学习，才能不断为企业带来活力。

比如，李嘉诚、比尔·盖茨、任正非，无一不是学习的典范。他们都缔造了商业帝国，但他们的成功都离不开持之以恒的学习。李嘉诚从小就对知识充满了渴望，他养成了自学的习惯，时刻不忘读书，打工的时候会坚持自学，创业期间他也挤出时间自学，成功之后他依然在不知疲倦地学习。尽管平时工作很忙，但他每天睡前都会看书。他喜欢看人物传记，也喜欢医疗、教育、福利等方面的书籍。而且他还每天坚持用好几个小时来学习英语，让自己能阅读英文杂志，飞往世界各地参加各种展销会去谈生意。李嘉诚曾经说过这样一番话：在知识经济的时代，如果你有资金，但缺乏知识，没有最新的信息，拼搏失败的可能性就会越大，但是你有知识没有资金的话，小小的付出就能够有回报，并且很有可能达到。

我在课上最常和企业管理者们强调的一句话就是：今天你不学习，但你的竞争对手一直在学习。

现在跟数十年前相比，知识在通往成功的路上所起的作用完全不同，"非学无以广"才是一句真理。管理者不学习就会使管理能力落后，但是只是参加了学习还不行，还要了解学什么、如何学，这便是学习力。学习力是一个人最最重要的能力。作为一名现代企业的管理者，必须博采众长，有针对性地学习管理知识，提升自己的管理能力，不应该将自己的水平和能力仅定位在满足一般的宏观性的企业经营管理上，应该了解和掌握本公司的技术情况、技术水平、技术装备、技术力量，以及与同行业企业相比，这些指标情况都处于什么样的地位，不仅要与国内的同行比较，还应该与国外的同行进行比较。另外，关键性的技术，掌握的越熟练越好，这样不仅有利于提高管理者在员工心目当中的地位和威信，还能有效地解决管理中遇到的实际问题。如果一个管理者掌握了强大的技术知识，那么在攻克难题的时候，就会赢得下属的敬佩和服从。如果员工发现管理者是一个学习型的领导，也会自发形成一种学习的氛围，提升整个团队的知识能力。

现在，我们的学习途径多种多样，只要愿意学习，哪里都可以学习。

读书的途径很多，音频资料很广泛，听讲座也非常方便。

除此之外，还有很多的学习渠道，比如在实践中学习，与同行交流学习，向客户了解情况时学习，只要怀着学习的心态去提升自己，所经历的一切都将沉淀为自己的学习积累。

在学习时，要注意学习的对象，要向优秀者学习，优秀者永远是一面旗帜，是一个标杆。优秀者有丰富的工作经验、管理智慧，有远大的思想建设，只要你能虚心地向他们学习，就可以取长补短，提升自己的综合素质。优秀者既可以是你行业的精英，也可以是你公司的下属，无论他的职位如何，无论学历如何，只要你觉得他有优秀的一面，都应该向他学习。

所以，除了心怀梦想，格局远大，管理者要使自己的事业取得成功，其强大愿力还来自不断丰富自己的知识结构，做学者型的管理者。

# 九、系统愿力

## 企业文化——凝聚人心的核心

如果一家企业眼里只有钱而没有文化，氛围必定是扭曲压抑的，就跟一个非常有钱的人却没有文化一样，充其量只能算作是一个暴发户，而不能称为企业家。所以，企业想要打造一个具备战斗力的组织和系统，第一个要重视的因素就是企业文化。企业文化是系统愿力中的核心。当不少糟糕的老板还停留在绩效考核的时候，优秀的老板早已通过打造积极正向的企业文化，开始给予员工更好的工作环境和氛围，从而提升员工的自驱力和效率。

企业文化是凝聚人心的最强武器，它能够给员工讲一个一致性的故事，使员工随时保持与公司使命的一致性，并且这些故事会有极高的传播性。比如，华为的企业文化是打造狼道文化，给奋斗者带来最大的回报。阿里巴巴的企业文化是团队合作，共享共担，平凡人做非凡事。无论企业家给自己的企业如何定位，都要通过各种形式的战略和故事讲述，使员工的心之所向与公司的战略保持同一方向。

成功的企业都希望成为受人尊敬、幸福感高的企业，都希望成为有价值、有意义的企业。这些都属于企业文化的范畴。

良好的企业文化可以直接降低管理成本与沟通成本，这是大部分人的共识，虽然不少公司认为用户第一，员工第二，股东第三，但这三者的关系是否能够运行通畅，依然离不开文化。试想，如果没有企业文化做背书，势必就会把"利"看得重于一切。当一个企业完全把赚钱目标放在首位的时候，就会为了钱不择手段，而这样往往又会产生诸多为大众所诟病的问题，长此以往，企业又怎么往大发展呢？当然，企业完全没有金钱目标也是不行的，而是要用企业文化把团队的心聚起来，人心齐才能泰山移。

陈春花教授曾说："世界上那些著名的长寿公司都有一个共同特征，即它们都有一套坚持不懈的核心价值观，有其独特的、不断丰富和发展的优秀企业文化体系。"

优秀的企业文化可以营造出非常快乐的氛围。而快乐的氛围是人人都需要的，因为人人都喜欢快乐。尤其是在收入不是特别高的情况下，开心和快乐是非常重要的，因为开心和快乐的氛围能让员工工作效率高，有归属感，有创造力。所以营造一个良好的企业文化氛围和快乐的环境，也可以帮我们留住非常多的优秀人才，让那些员工愿意干而且不轻易辞职。

一家真正规范的企业，从部门设置、企业规章制度的健全，到企业每个员工都能耳熟能详地说出企业文化，从而理解文化，运用文化，并真正成为这个企业的职业人，实现企业上下一条心。通过这样一个过程，一个企业管理起来相对就简单和容易多了。

我们见过几万人、几十万人的大企业，却依然能领导得井井有条，一呼百应，靠的就是企业文化机制，让员工找到了自己的角色和位置，负起了自己该负的责任。这不就是一种系统上的愿力吗？

# 共同目标——让公司利润大幅提升

动物世界里的启示：在非洲草原上，如果见到羚羊在奔逃，那一定是狮子来了；如果见到狮子在躲避，那就是象群发怒了；如果见到成百上千的狮子和大象集体逃命的壮观景象，那是什么来了呢？是蚂蚁军团来了。可见，数量庞大的个体组成的团队力量往往才是最不能忽视的。企业如果想要打造强大的愿力系统，离不开团队的协同合作而产生的凝聚力，而想要把整个团队凝聚起来，需要为整个团队制定一个共同的目标。

团队没有共同目标就容易走向失败，西游记团队最后取得了真经，师徒四人都修成了正果。这是因为他们拥有一个共同的目标，就是到达西天取得真经，哪怕一路艰难险阻，经历九九八十一难，依然初心不改。他们都愿意为了实现这个共同的目标而去承担自己应该承担的那一份职责和愿力。孙悟空有能力所以负责降妖除魔，八戒贪吃能睡负责活跃团队氛围，沙和尚任劳任怨所以天天挑担，在一路向西的过程中，相互之间共同合作，最终完成任务。因此，一个高绩效的团队必须要有明确的共同目标，团队成员的任何行动都要统一目标，否则只能像梁山好汉一样，即使拥有强大的队伍，最后仍然逃脱不了失败的结局。

另外，再强大的企业，如果没有共同目标，也会像一盘散沙，很难聚成一个不可撼动的超强系统。有很多企业，只会一厢情愿地空喊口号，要如何做大做强，却很少有人想过，离开了组织成员的共同奋斗，企业何以能够持续下去。因此，一个共同的目标是企业的一种精神，也是基业长青的必要条件。阿里巴巴的成功就是基于这一条件，阿里公司最值钱的就是共同目标和企业的价值观，这种理念使得马云在创立阿里巴巴的第2年就为团队制定了共同的使命、共同的目标，但是新员工，只有经过学习，熟知公司的共同目标，并愿意为之奋斗，才能长久地加入阿里巴巴，否则难以走远。

企业要为团队树立一个共同的目标，具体可以从几个方面来进行：

第一，充分沟通。团队的目标一定是针对整个团队的，所以要不断强调和充分沟通，让大家做到心中有数，如果领导不去向下属说明这个目标，那目标往往就变成了管理者自己的目标，而不是大家共同的目标。而且在完成目标的过程中，要记录完成情况，对完成的成绩做出分析，做得好的地方则再接再厉，有欠缺的地方则不断改进，这样才能给整个团队带来进步和提升。

第二，听取团队成员的意见和建议。团队在执行过程中得到的经验往往更具参考价值，所以要多听取团队成员提出的意见和建议，一方面，可以让成员参与进来，使他们觉得这是在实现自己的目标，而不是单纯为了别人而实现的，另一方面，可以增加成员对共同目标的认识，了解每个成员的特长，以及在大家的共同目标达成过程当中，能否得到有力的发挥等等。一个有效的工作目标，应该是建立在对大家都有利的基础之上的，这样才能激起大家的共同兴趣。团队成员一起讨论目标的建立，一起商量共同目标的过程，就是一个头脑风暴的过程，俗话说"三个臭皮匠顶个诸葛亮"，让大家一起讨论，能够辨识出目标建立的是否合理，从而提炼出一个最好的办法，让共同目标和个人的目标实现互惠双赢。

第三，确定主要目标和次要目标。目标是否明确，对企业的发展至关重要，只有对目标做出精心的选择之后，企业才能找到生存和发展的关键。一般来说，主要的目标就只有一个，比如有的企业主抓销售，有的主抓服务，有的主抓口碑，这就是主要目标（见图9-1）。确立一个主要目标，是让大家明确自己或者公司团队的未来发展方向，让大家明白朝着什么样的目标去努力。

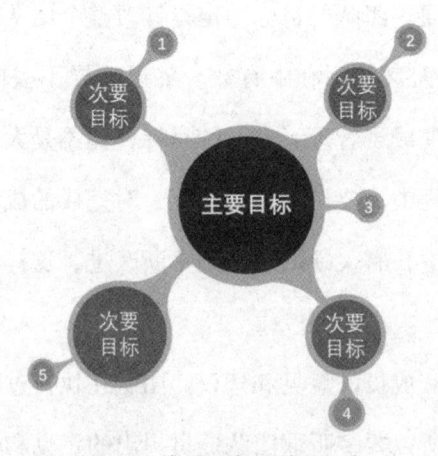

图9-1 主要目标和次要目标

主要目标只能有一个，次要目标围绕主要目标而存在。每个次要目标还可以继续往下分出更次要目标，上图中的1、2、4、5即是划分出的更次要目标。每个次要目标具体可以划分出多少个更次要目标，要根据实际情况而定。更次要目标还可以继续划分下一级目标。而上图中的3则是从主要目标中直接划分出的隔级小目标，此类目标往往属于紧急但并不十分重要的，是可以在短时间内快速解决的。

# 知行合一——用结果说话

结果是检验价值的唯一标准。我们做的任何事，如果没有结果那所有的努力就都等于零。企业的系统无论多么强大，如果只是理论上的巨人，而在结果上却是十足的矮子，那自然是什么目标都无法实现。所以，要用结果说话。

有这样一个故事，话说有几个专门负责在公园种树的工人，有一天路人发现，其中有两个工人的举动很奇怪，一个工人负责刨坑，另外一个工人负责给第一个工人刨开的坑填土，两个人都做得满头大汗。于是路人就跑过去问他们俩："一边刨坑一边填土，这不是徒劳吗？"其中一个工人就回答："公司安排我负责刨坑，另外两个人一个负责把树苗放下去，另一个人负责填土，今天负责放树苗的人生病请假了，所以为了要走工作流程拿到工资，我们还是得做，所以，我该刨坑还得刨，他该填土还得填，这是我们本来就应该做的呀。"

这个例子听起来很可笑，对不？事实上有很多企业每天都在上演这样可笑的一幕，他们的员工就在做这些徒劳的工作而并不觉得有错。也就是说，大家各自都是干好自己工作的那一部分，不管结果如何。所以，看似大家都工作了付出了，但企业并没有收到好的结果。

所以，系统愿力的第三个方面就是要有结果思维，做事上心卖力，固然重要，但是出不来结果，就等于白费力气。

在走上销售这条路之后，我深刻明白这个道理。我们上学是为了学以致用，工作是为了实现价值，我们在世上存活是为了体会世间百态。换言之，如果学不到知识则没有结果，工作混日子等于没有结果，活在世上无法为家庭、为公司、为社会做出贡献同样没有结果。所以，我们要给自己训练一种结果思维，有了这种思维，才能在做事和生活中以结果为导向，从而让我们的人生更有意义。

能力再强，也还是需要工作绩效（结果）来体现的。绩效考核考评的是工作过程的行为和最终结果，而不是一个人的能力。结果是可以满足客户需求的一种价值，就是客户愿意用钱来换的东西。对客户没有价值的结果，无论你多么辛苦，你的辛苦都一文不值。商业生存的底线是：企业靠结果生存，不可能靠理由生存，没有结果，我们就不能生存，这是硬道理。顾客购买的是结果，不是理由。企业与社会交换的是结果，不是理由。企业和员工交换的必须是结果，不是理由。所以，我们要培养一种结果思维。

不少企业也会花大价钱送员工去学习，管理者也在不断学习，可以说在"知"的一面做足了功课，但是从培训课回去以后就没了相应的行动，"知"和"行"不能合一，做不到"知行合一"就很难有结果落地。企业要想让愿力系统变得强大，仅有观念上的改变还不够，还需要有行动上的积极实践，最后在结果中去检验观点是否可行。如果是可行的那么再接再厉，如果不可以就要及时调整，这样对于企业的成本来说也会有所控制。不盲目投资，对下属来说也是一个试错的过程。没有结果等于一纸空文，没有结果等于混日子不去执行。所以，执行到什么程度，结果就在什么程度。

## 制度执行——要赏罚分明

企业管理者带团队如同父母教育孩子，光有赏识教育不够，还要制订规则，如果违反规则就要受到惩戒。同样，带团队仅仅只是激励还不够，还要做到赏罚分明。赏罚分明就等于向下属传达一个理念：公平。这也是系统愿力中不能忽视的一个环节。否则，有的人做得多拿到的奖励却不多，有的人善于溜须拍马却少劳多得，那么这样的企业制度执行是有问题的。

事实上，管理者越是能够做到对下属赏罚分明，越能把激励机制落到实处。既然是赏罚制度，就不能只罚而不赏，当员工有良好表现时，赏要大张旗鼓，要让得到奖赏的员工感觉荣耀至极，并且让其他员工都看在眼里。与此同时，我们还可以通过许诺奖赏的方法，大力引导员工积极工作，继而促进所有员工的努力进取。当然，员工有错也要进行惩戒，以儆效尤。

赏与罚并提，这二者是一个问题的两个方面，互为表里，相辅相成。只有做到二者的平衡和统一，在管理过程中才能不夹带任何私人感情，这是树立领导权威的一种好方法，也是保证团队制度充分执行的重要前提。一方面，适时适当的奖赏对下属来说能起到肯定、激励、鼓舞的作用；另一方面，必要的惩戒能起到纠正、禁止和威慑的作用。赏罚得当、相辅相成，才能取信于下属，才能使人进有所得、退有所失，才能使大家皆效其力。否则，将二者割裂开来，只会出现"赏善而不罚恶则乱，罚恶而不赏善亦乱"。

企业在发展中往往会碰到一个令人非常头痛的问题，那就是执行力每况愈下，企业领导人的很多想法、决策，甚至说很多指令，在执行过程中都变得面目全非，员工的积极主动性以及团队的凝聚力也越来越差，以至于经营业绩下降甚至走入困境。奖罚分明就是为了解决这个问题的，适当的奖赏可以激发员工的干劲和潜能，惩罚可以纠正员工错误和态度，执行过程中的奖赏和惩罚是一对非常有效的管理工具。

不论是奖还是罚，都要在制度中明确出来，让所有员工都能事先了解。这样做的目的和作用是防患于未然，因此做出的惩罚要让当事人没有怨言，能起到让所有员工引以为戒的效果就可以了。在奖赏方面员工当然是来者不拒，喜欢多多益善，可是管理者又希望能省则省，所以就要让管理者在具体操作中注意一定的技巧。

那么，什么时候该奖，什么时候该罚呢？团队中应该奖谁又应该罚谁呢？要解决这些问题，要做到以下几点：

第一，要明确每个员工的工作目标，给员工制定明确的工作目标，以及目标要完成的程度，目标用完成的程度来评价是应该奖还是应该罚。要做到这一点，首先，应明确企业的发展方向，拟定企业发展的战略规划，并且将其落实到企业的经营目标中，再根据企业的经营目标设定科学的组织结构，将企业的经营目标分解到每个员工的工作目标中。第二，要明确每个员工的工作标准，光有目标没有相应的工作流程和工作规范，还是很难让员工完成相应的工作，奖惩也就失去了意义。管理者必须对企业的业务流程进行梳理，必须对工作的流程规范、标准进行科学的设定与规划。第三，要评估员工的工作，对每个员工进行科学的评估，必要时先确定这个奖惩范围，同时根据评估结果对各项工作进行持续地改进。这种方式包括物质和精神两种奖赏，物质奖励应当根据行业水平，针对每种情况，该多少是多少，写进团队制度里，管理者照章办事，一分不少地发给当事人。精神奖赏具有较强的弹性，要给到什么程度就看管理者意愿。从效果上来说，物质和精神奖励都能激发员工的积极性和工作热情，给他们带来满足感和成就感，管理者在给出物质的同时，还可以将精神奖合理地放大，就能让整个奖赏的效果显著增加。

在实施奖罚制度时，必须要有理有据，合乎情理，不能以权压人，更不能掺杂个人恩怨。另外，要注意，处罚执行中的态度与方法也会使处罚的性质产生变化，让一件本来并不复杂的事情变得复杂起来，因此，要讲究方式方法地去实施奖罚制度，才能使制度的效用发挥到最佳。企业建立合适的奖罚机制，有利于促进员工内部竞争，实现优胜劣汰，充分调动员工的积极性，但是公司一定要做到奖罚分明，制度合理公平。如果奖励，一定是团队特别想要的；如果惩罚，一定是能令团队印象深刻不敢再犯的。这样，才能保证最大的执行驱动。

在实际工作中，赏罚分明是不太容易做到的，对一些管理者来说甚至会非常的艰难。迁就对管理者来说是一种大忌。不要认为迁就以后，下属就一定会感激你，会更加卖力地工作。迁就的后果是是非不分，会挫伤大多数员工的积极性，同时也影响员工对团队制度的认同和遵守。

在团队中，管理者如何在奖与罚之间寻求平衡点至关重要。适度的奖励能激励人心，但必要的惩戒也必须采用，只是在惩戒的方式上要灵活处理。惩罚作为一种负强化手段，与奖励这种正强化手段是共生的，二者缺一不可（见图9-2）。它可以有效地防止和纠正各种非期望行为，借以保护多数员工的主动性和积极性。但处罚制度应合理，处罚的目的是鼓励员工在工作中行为审慎。惩戒要想起到既定的作用，就得对号入座，先了解惩戒对象是哪种类型的员工，有的员工好逸恶劳，喜欢尽可能地逃避工作，并且抗拒变革，对于这种类型的员工，要以惩罚来强迫或促使他们朝组织的目标努力，有错误之处的，要严格按照规章制度进行惩罚。

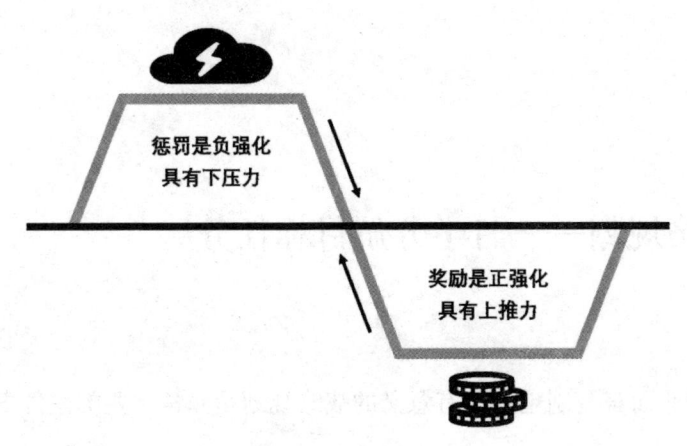

图9-2 奖惩并重

另外，在实施奖罚制度的时候也要根据不同的员工区别对待。比如，对于一个低端的管理者来说，罚款是有用的。对于一个优秀的管理者，罚款是没用的。

因为，员工是有血有肉有感情的人，罚款是所有处罚中效果最低端的一种处理方式。所有人似乎都认为，罚款之后，对方一定会因为害怕罚款而承担一定的责任。其实不然。管理者要懂得换位思考，多数员工对罚款的心态是：罚款就罚款吧，钱都罚了，你还想让我怎么样？被罚款的员工对于为什么会被罚、被罚后吸取到的经验教训等，有时根本不会再放在心上。

一个人，他所处的位置不同，他对于处罚和荣誉的承受能力也会完全不一样。一个部门经理，你有意无意地夸他一句很努力，他可能就激动个一两天，但是，一个基层员工，你夸他一句很努力，他整个月甚至整个季度都会更加努力工作。

所以，在实行奖和罚之前，也要注意因人而异，不能使用一刀切的奖惩制度。

# 战略规划——科学分解目标任务

对企业而言，制定一个有意义的战略规划是非常重要的一件事情。当企业的经营目标确立之后，有一项必不可少的关键性任务，那就是对目标和任务进行科学准确的分解，从而定出合理的营销策略，例如团队在每一年、每一季度乃至每个月的产品预售期预售销售额为多少？市场占有率是多少，提升多少个百分点等等，然后再合理部署所有成员的工作内容及衔接模式，安排好迅速有效的沟通方法，最后才可以放心大干一场。有了合理的战略规划，就能使团队成员了解每个阶段的行动方向，也会给管理者带来清晰的思路，进而能寻找到实现团队目标的最佳捷径。

如果没有战略规划，整个团队就很容易产生混乱，将大把的时间浪费，看起来大家都在忙个不停，而却又无法避免遗漏和重复，这种情况下管理者不仅要四处救火，多方协调，同时还得亲自动手处理一些不到位的工作，企业正常运转可能都很困难，更不用说实现有效的执行了。对于一个团队来说，只要拥有了优质的战略规划，就能强力保障团队的健康发展，以及共同目标的有效实现，但是，制定优越的战略规划，并非一件轻而易举的事情。一个好的战略规划是每个相对独立的团队，各自所面临的外部和内部的因素,来共同创造出的产物,没有范本案例可供参考,不仅不能纸上谈兵,还不能一成不变照章办事,所以在制定战略规划时要一步一步地进行分析,直至找到机会和目标。比如,观察外界环境时,公司要考虑到社会经济政治和技术发展趋势,在过去和将来如何影响到市场、顾客、竞争对手和供应厂商,并由此找出发展机会和对公司的威胁。再比如,在分析本公司的资源时,应考虑到本公司设计生产销售、资金和管理等方面的能力,由此找出本公司的强点和弱点。

制定战略规划需要重视几点:

首先,规划要始终围绕一个共同目标。管理者应该始终记住一点,无论制定或执行什么样的战略规划,都是为企业经营目标服务的,所有的战略规划都必须围绕着企业的共同目标,并且尽可能与员工的个人目标协调一致,形成合力,这样在执行过程中,员工才不会在各种干扰之下偏离主题,正所谓"不忘初心,方得始终"。

其次,管理者要有勇有谋地带领整个团队穿梭在惊涛骇浪之中,能够预见未来,最后顺利地抵达目的地。这是战略的眼光,不仅要谋划于胸,还要做到内外结合,例如企业应当如何发挥优势弥补不足?所面临的风险有哪些?如何规避?只有这样,作为优秀的管理者才能尽早发现团队运作中可能存在的机会和问题,做出理性准确的决策,才能快速而稳健地走向成功。

公司制定了合理的战略规划后,还需要规定一些共同遵守的原则,以保证计划的执行。在实际工作中的所有管理人员都要参与战略规划的制定和学习，要制定计划时间表，以便对各种战略规划进行检查，并通过预算对不同的发展机会分配相应的资源等。

## 维稳发展——锁定核心人才不流失

人才，一直是人们津津乐道的话题，无论是初创企业，还是已经成熟的企业。企业的三大件：人、财、物。人排在第一位。但很多企业家慢慢觉得钱才是第一位，觉得人的重要性好像比原来下降了，就是钱好像是最重要的，而人没那么重要。包括投资人在评估投资可行性时，现在都把重点放在了讲述商业模式方面。

商业模式总在不断变化，但是能不能把商业模式落到实处，考验的是整个团队是不是有能够干事的人。卡耐基说"如果你把工厂拿走了，把人给我留下，很快我就能够重新把一个工厂打造起来，如果你把人给我拿走，把工厂留下，那最后工厂就长满了草"。

事实上，任何一家公司从初始到最后推向上市，人都是最重要的，如果阿里巴巴没有"十八罗汉"，又怎么能变得家喻户晓；如果新东方没有当时的"三驾马车"，又怎么能在华尔街上市。所以，企业要想维持稳定发展，锁定核心人才不流失，是又一个关键所在。企业如果留不住核心人才，系统愿力就会下降，尤其当高管和核心人物选择离开的时候，整个团队就会遭受重挫。

不管在一个什么样的团队或组织里，总有些员工属于关键性人物，他们对企业战略目标的实现起着不可或缺的作用。这样的员工就是"关键员工"。关键员工的去留和作用的发挥对企业绩效以及未来发展均具有举足轻重的影响。如何让关键员工在有效的管理下留人留心，还能发挥更高的绩效呢？

用好关键员工的关键是将其绩效考核直接和薪酬挂钩，我们做好绩效考核的管理，一是为了能够留住核心人才，二是为了避免核心人才的流失。这是因为核心员工的绩效管理体系的建设，总体思路是以员工激励为主，其目的就是通过有效的激励措施，让核心的员工能够得到合理的薪酬待遇，从而留住核心员工。绩效管理是一个过程，如果简单流于形式，那么其效果不仅得不到很好的发挥，反而会使员工产生抵触的心理，自然他也就得不到老板的赏识。那么，如何做绩效才能既得到员工的拥护，又能留住核心人才呢？

第一，我们要设定好绩效管理的目标。绩效目标来源于组织目标。核心员工对组织的目标最为关心，同时也是承担责任者，大多数员工内心总是希望自己固定薪资高，但是对于核心员工来讲，他们有实力，不希望自己的劳动成果被这样平庸的员工分割，因此在组织整体绩效目标分解的过程中，必须和新员工进行沟通，征求核心员工的意见，制定合理的目标。那么核心员工的绩效目标应该如何制定呢？（见图9-3）

### 企业自驱动系统：机制驱动团队自运营的奥秘

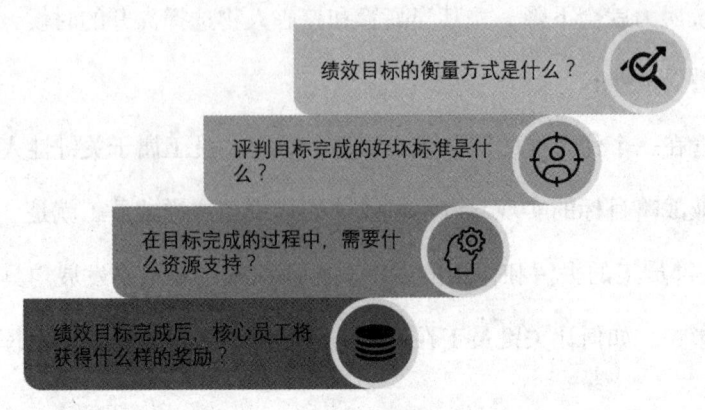

- 绩效目标的衡量方式是什么？
- 评判目标完成的好坏标准是什么？
- 在目标完成的过程中，需要什么资源支持？
- 绩效目标完成后，核心员工将获得什么样的奖励？

图9-3　核心员工绩效目标制定

第二，在执行过程中，发挥核心员工的作用。在企业中，核心员工本身具有很强的业务能力，可以在企业的发展过程中承担重要的责任，其工作任务多，要求高，那么在实现目标的途径上，同样也会有很多的解决方法。作为考核人员，在这个问题上，很难做到像核心员工一样，能够对各种方法了解和掌握，因此考核人员在执行的过程中，一定要定期汇报，了解所有业务分析，结合我们的计划，对各项指标的完成进行最有效的跟踪和监控，能够积极地听取核心人员的意见，征求核心员工对绩效的执行情况的指导性意见。

第三，要注重绩效考核的结果运用。对于核心员工来说，绩效不是流于形式，他们更关注绩效目标的完成情况，以及对公司发展和个人发展状况的反馈。在整个过程中，我们需要不断地复盘回顾，及时修正其中存在的问题，反思下一步该如何更好地提升业绩，促进员工的提升。对于绩效考核来说，想法不是最终的目的，它只是一种有助于绩效管理效果更好发挥的手段，所以在制定绩效目标的时候，我们要确定好绩效考核的标准和方法。

第四，我们还要不断地改进绩效方案。绩效考核是一个不断改进和循环的过程，在每一次的绩效考核的过程中都是如此。对工作的总结回顾、复盘、数据的提取，实际上就是在针对绩效结果，反思工作中的问题，从而提出更好方案的一个过程。总而言之，不管是对核心员工来说，还是对普通员工来讲，其绩效考核的目的，都是为了让公司更加有效地发展，同时也是为了员工个人能力的提升，绩效考核制定者首先要明白，接受和掌握绩效的核心理念，在绩效管理的理念的指导下，进行有效的实施和推进。只有这样，绩效才能真正发挥其在企业发展和个人发展中的积极作用，才能留住核心员工，而不是简单地流于形式。

关键员工的绩效管理是战略性的绩效管理。通过分析实现战略的关键因素，我们可以确定企业的关键绩效指标，并由此确定关键员工的牵引性绩效指标，从而把他们的主要活动和企业战略紧密结合，保证其绩效贡献直接支持企业战略。员工的回报包括经济与非经济性两种，又有短期、中期和长期之分，对关键员工的薪酬管理要重点考虑中长期薪酬方案，现在很多公司实施员工持股计划和期权计划，正是基于这种考虑。营造适当的环境氛围，是关键员工发挥高绩效的基础，也是留住关键员工的重要因素。

# 十、员工愿力

## 生理维度——不要把员工当机器

机器如果一直不停地超负荷运转，不加润滑油、不进行必要的休息和保养，就很容易磨损，此外机器衔接部分一定要有缝隙，否则就会产生摩擦，无法顺利运转。人也是如此，人有情绪上的起伏，有时候对工作提不起劲，如果老板太过于严苛，一定会让手下敬而远之。尤其管理者总想让员工变成"一棵萝卜盯多个坑"的全能工具，总容易把员工当成赚钱的机器，而不顾员工身心状态是否疲惫。

很多管理者在员工身上追求考核上的"精益求精"，不允许员工犯错，更不允许员工偷懒，恨不得所有的员工都能996，都能争先恐后地加班还不要加班费。事实上，这是小格局的老板。那种只把眼睛盯在员工有没有偷懒、有没有闲一下的管理者，这是小作坊的厂长，不是大企业的老板。懂人性的老板会允许下属刷刷段子聊聊天，发一会儿呆，偷得半会儿闲，这也是对工作和思维的一种调节和放松。虽然工作太松懈不好，但是完全没有空闲只顾拼命工作也不是一件好事。稻盛和夫曾提出成功方程式：工作成果＝思考方式 × 热情 × 能力，其中思考方式的数值范围在 –100 ~ 100。热情和能力均只有 0 ~ 100 分，所谓能力是指才能或智能等先天性的资质，热情和努力的意愿或热心等后天的努力，而思考方式是指哲学思想、伦理、生活的姿态等因素，他说最重要的是思考方式。而员工的思考方式往往不会是在无休止地工作、加班这样精神疲惫的状态下产生的。所以，老板不应该把员工当成供自己压榨的机器，那样员工的愿力和能力才能体现出来。

高境界的管理者能够管理员工的精气神，也就是说，员工跟随这样的领导能够体验到身心愉悦。如果一个团队中的员工经常生病，说明管理出了问题。而造成这个问题的原因，要么是员工在超负荷工作，要么就是精神压力太大。当你发现一个员工的精神状态不好的时候，一定要多关心员工近期怎么了？如果员工精神不振，那你要问他是不是经常熬夜，是不是加班时间长。不要认为你的团队很年轻就去让员工拿精力换价值，消耗员工的身体去提升组织效能是最低效的一种方式。

另外，也要时刻关注员工的心态，就是那种一切朝向好的方向看的心态。如果员工的心态处于负面和消极情绪的状态中，要及时为员工提供好的工作环境，关心和关爱自己的员工，只有让员工处于轻松愉悦的状态下，才能做出成绩。创造一些快乐的氛围，一定要管理员工的精气神，团队的精神就是团队的状态，就是你的团队在未来创造高绩效的重要条件，如果你不关注员工的内心，只关注员工的工作本身，往往会适得其反。

有时候，过度加班会让员工身心感到疲惫，会给员工带来不快乐。面对这样的情形，领导者需要完成两件事：第一，确保员工了解自己工作的重要性，以及在公司整个战略愿景中的位置。通过认识到自己工作的意义所在，有助于帮助员工保持热情。第二，在一些过度加班的场合之下，领导者可以主观增添快乐的因素，如当团队成员集体加班到晚上 12 点时，可以抽出 10 分钟时间举办甜甜圈派对，一方面帮助员工补充能量并调节心情，另一方面领导可以绝对确信，若干年后员工可能记不清熬夜加班的每个细节，但绝对不会忘记深夜 12 点的甜甜圈派对给他的加班时光增添的一丝亮色。第三，用不同形式正向促进行为。提升员工的福利无疑是最直接的正向促进，首先增加员工餐饮、交通等方面的福利补贴。其次，公司也可以效仿科技巨头，提升公司环境，在办公场所加入桌球等休息娱乐设备。此外赞扬也是一种正向促进，在与员工沟通了公司的战略方向并使员工保持一致后，对于表现优秀的员工，领导者需要表现出对员工敬业的赞赏和感谢，以此鼓励正向的循环。

# 心理维度——让工作产生喜悦感

未来的管理者大部分是"80后"、"90后"，被管理者那就更年轻化了，所以，如果采用传统的方法，靠严苛的制度和管理来驱动员工，很难让员工心悦诚服。此时，重视员工的心理维度，让员工在工作中产生喜悦感，才有利于打造整体的团队愿力。

比如，有不少管理者会亲自向取得成就的员工表示感谢和祝贺，赠送鲜花及礼物，并且让这样的精神嘉奖公开可见，换句话说就是让全体成员都见证其接受奖赏的时刻，这么做，一方面提升了受奖者的荣誉感，让他感觉到自己的价值以及对团队的重要性，另一方面，也对全体员工起到强大的激励作用，从而使得整个团队都保持良好而稳定的工作状态。

心里感受到愉悦的员工，他们对工作和整个企业才会热心。如果员工不满意，没有幸福感，他怎么可能表现出良好的状态？他又怎么可能产出好的业绩？提供给客户满意的服务？所以，先服务于本企业员工，让他们找到幸福感，他们才能代替企业去更好地服务客户。

打造一个让员工感觉幸福的企业，就像稻盛和夫那样，就像海底捞的员工被挖不走那样，只有那样才会让员工把公司当家，企业才有了真正的战斗力。

如果我们的企业管理思想、领导力水平还停留在工业 1.0 时代，限制员工的行为自由，限制员工的思想自由，把人当作工具，就不要再抱怨为什么招不到人，留不住人。

当然，重视员工的心理维度不是单单停留在口头上，喊喊口号而已。而是要落实到管理和行动中去。它包括几个方面：

第一，公司要重视人权，而不是先讲制度。我们都知道人性的弱点，哪里感觉舒服才会愿意去往哪里，如果每个员工都感觉公司让自己快乐愉悦，其工作才会更有效率和创造性，才能发挥出个人的价值和智慧。

第二，信任每个员工的能力。可以从公司内部选拔管理人员，并委以经营重任，从而培育出许多具有经营者意识的领导。相信员工的能力，把经营建立在互相信任的基础上，这是实现赋能型组织的最基本的条件。

第三，唤醒员工的激情和梦想。员工真正想去做一件事情的时候，才能产生无穷的力量。要想成就一番事业，一定要有激情，只有胸怀激情的人去努力才能取得成功。而赋能型组织模式的核心就在于唤起每位员工心中的创业激情与企业家精神。

做到了这三点的管理者，事实上也实现了企业的"利他之心"。在赋能组织的员工时，企业要通过各种途径培养员工的经营能力与战略能力。领导要做心胸宽广之人，不要死守权力，而是主动为每个员工提供一个自由发展的平台，信任每一位员工。员工由于感受到被信任，也会主动去做好自己分内的事，为企业创造更大的价值。

所以，打造赋能型的组织管理模式，管理者要有"以人为本"的思维和境界，才能真正赋予员工能量，打造出一支超强的作战团队。

# 用人维度——培养高手不培养全能

有个合伙人学员，有一次请我去辅导时问了一个问题，他说："包老师，去年年底我们公司走了几员大将，这几员大将走了之后公司元气大伤"。原来他们公司60%～70%的业绩都是这些大将做出来的,他们一走,公司自然损失惨重。所以他们问:"有没有什么办法,能把类似这样的大将留住,或者说这次他们已经走掉了也就算了,未来如果还有高手,如何把人留住呢?"

那我就问他了:"像这样的高手,你们家有没有备胎呢?"他说:"什么叫备胎?"我说:"备胎就是人才储备系统,就是一个高手,如果他生病了或辞职走了,你这里有没有人能顶上他这个职位?"他说:"没有。"我说:"为什么没有呢?"他说:"包老师你不知道,因为我们家的业务要求比较高,要培养一个生手到熟手的话,最起码也得一两年的时间。所以我好不容易把他们培养熟了之后,成了高手,他就容易走,因为他啥都学到手了。"详细问过才知道,该企业在培养员工上倒也舍得下功夫,从招揽客户到接待客户,再到技术、服务,甚至转介绍一条龙都教会了员工。

该家公司对于员工,从一个普通员工到一个高手员工,难度是非常之大的。我说:"怪不得,他们走了之后你们家会元气大伤,因为你们对人才的要求太高了,凡是需要高手才能把业务做起来的公司,通常而言是做不大的,为啥?对于人才的要求过高,就会导致两个情况,第一个,这样的人手很难招,第二个很难培养,就算培养起来之后,他还很容易流失。"

后来我给他的建议是:千万不要让一个人把业务上的一条龙全部学会,比如,既会引流客户,又会成交客户,又会技术服务客户,还会让客户续卡转介绍。一条龙都会了之后,他就成了老板。必须把你们销售或者服务的环节,分环节设计。引流的人就只做引流,他只负责通过线上也好,线下也好,把客户引流到你们店里面来,引流到你的公司来,他只做这一道环节，做完之后，他就要交给第二道环节的人。

第二个环节交给别人做成交，就是把他找过来的潜在客户，通过引流产品吸引进来的潜在客户，让负责成交的人通过一种成交的方式方法，当下给成交了。成交完了之后，进入第三个流水线，叫技术服务，比如像美业，不管是美容还是美体，都可以进行一个技术的服务，那么跟前面的引流环节和成交环节一定又要分开来。

技术服务完毕之后，下一步要干什么？下一步就是升级卡或者叫续卡，或者叫转介绍，最好再设一个部门叫作客服部门。如果觉得这样人力成本比较高，那么可以让成交的那部分人去兼职做客服的工作。所以这样下来整个的营销环节设计为四个板块：第一个叫引流板块，第二个是成交的板块，第三个是技术服务的板块，第四个是客户维护、升级、转介绍的板块。每个板块要设计不同的提成机制。

比如，引流进来一个客户提成3元或5元钱，同时如果这个客户后面被成交了，他还可以拿一部分成交的提成。成交提成假设是总共一个客户进来之后，我们公司准备开放10%作为整个的营销提成，那么引流的这部分拿多少呢？我建议引流的那部分人，他第一个可以拿到6%～7%的提成，还有3%～4%给到谁呢？给到了成交的那个人。

成交人员我们还可以给他设计一套分配机制，成交完毕之后，还要做客户服务，让客户继续升级买单，转介绍。如果客户升级或转介绍成功，那么这个费用里边，他就可以拿大头，而前面引流人员就可以拿小头。这里边我们把引流的部分和成交的部分、升级转介绍的部分都讲了，那中间有个技术服务的部分怎么来设计呢？技术服务的部门我们就按照手工提成，比如，这个客户消费200元，我们就给他个手工提成，比如讲50元，就是按照人头来拿服务费就可以了。这样的好处是什么呢？好处是把每个环节都分割开来，所以他们要掌握其中的一个环节，是难还是简单？当然是很简单。

同时对于公司还有一个非常大的好处，就是一个只会引流的人，他不会做成交，也不会做技术服务，也不会做转介绍和升级客户。于是他要离开你这个平台后，他自己去创业难不难？当然就会非常难。他到别的平台去，他也只会引流，所以他的价值也没有这么大。同样的，一个人只会做成交，不知道怎么做引流，也不知道怎么做服务，还不知道怎么来做转介绍、做升级，那么他也只会他这一块的内容，对公司业务不会造成太大威胁。所以这样就会导致两个结果：第一个，我们对人才的要求大大地降低了；第二个，对人才的培养难度也大大降低了。同时更重要的是什么呢？就是他要出去独立门户，他的难度就大大地增加了。所以我们说未来一定要在你们公司里面设计这样的分环节业务流程，并相应设置提成机制，这样会让公司一方面业务管理的难度降低，另一方面不怕高手离职带走资源。

## 权力维度——既授权又信任

管理者往往不可能什么事都亲力亲为，在很多时候，管理者扮演的角色是手拿指挥棒的人，尤其是在企业做大以后，管理者更会分身乏术。这时，要想使得业绩更出色，就必须通过有效的授权，让员工独当一面。管理者是否懂得授权的艺术，从某种程度上讲是衡量管理者能力的一把尺子。杰克·韦尔奇被众多媒体誉为"20世纪最伟大的CEO"，是"全球第一职业经理人"，是一个商业传奇，自1981年担任通用电气公司董事长与首席执行官以来，短短20年时间将一个困难重重的超大企业改成一个健康高效、活力四射充满竞争力的企业，他的秘诀是什么呢？在他眼里什么才是最好的管理方式呢？是仅仅控制还是无为而治，是尽最大可能地紧握大权还是放手让员工去干，到底怎样才算是合格的管理者？他给出的答案是，管得越少成效越好。

既然给员工权力，就要给予更多的信任，不懂得合理授权是经营者的大忌。很多在管理上把自己搞得累死累活却又找不到解决办法的人，大多数都属于骄傲自大、不懂充分授权和信任员工的管理者，也有不少管理者虽然授权了，但并未能达到理想的效果，甚至降低了员工的工作积极性。到底是什么原因造就了这种现象呢？其实症结就在于，授权时没有解决好信任问题。日本经营之神松下幸之助曾经说过：成功的统御管理是让人乐于拼命而无怨无悔，实现这一切靠的就是信任。所以企业管理者既然已经授权给员工，就应该给予他们充分的信任。

彼得·德鲁克在《卓有成效的管理者》中说过：费尽心思调动员工积极性，要求员工保持饱满的激情，恰恰是企业经营缺乏底气的表现。只有建立理性的文化氛围，只有大胆地剖析企业的长处短处，只有充分发挥员工主观能动性的企业，才有可能不断成功，走向卓越。

中国有句老话叫"用人不疑，疑人不用"，真正的授权就是把权力下放给员工以后，管理者就要完全忘掉这回事，绝不去干涉。这样的授权和信任能极大地降低沟通成本，提升管理效率，激发员工士气，从而达成更高绩效。因为在很多时候，有些领导在将自己的部分权力授权给他人之后，总觉得不放心，于是各种干预，最后导致工作效果很不理想。学会信任下属，对管理者而言非常重要。

《把信送给加西亚》这本书的故事很简单，讲的是当美西战争爆发后，美国必须立即跟抗击西班牙的军队首领加西亚取得联系。但加西亚在古巴丛林的山里——没有人知道确切的地点，所以无法带信给他。美国总统必须尽快和他合作，有人对总统说："有一个名叫罗文的人，可能有办法找到加西亚，也只有他才找得到。"他们把罗文找来，交给他一封写给加西亚的信。罗文拿了信，把它装进一个油纸袋里，封好，吊在胸口。三个星期之后，他徒步走过一个危机四伏的国家，把那封信交给了加西亚。

有意思的细节是，当时，美国总统把信交给罗文，而罗文接过信之后，总统并没有问罗文加西亚在什么地方，该怎样去找他。当时，罗文也不知道加西亚藏身的确切地点。但是在他接过这封信的时候，他就以一个军人的高度责任感接过了一个神圣的任务。他什么也没有说，他所想到的只是如何快速把信送给加西亚。来自美国总统充分的信任和罗文高度的使命感、责任心成就了这次合作，结果证明，合作很成功。

所以，员工的愿力和敬业精神来自被赋予权力，还有就是被管理者充分信任。

## 梦想维度——让员工有归属感

杰克·韦尔奇在演讲中说过，在他刚到通用电气时，管理团队当中没有一个是他选拔的人，要让这些人接受他的想法可想而知会很难。而他采用的办法是通过演讲把自己的激情感染给团队。他每次出差到分公司，会给所有员工讲话，除了工作专业知识以外，还告诉他们如何看待他们的职业生涯，在职业生涯里，应具备什么样的态度，如何把自己准备好，提升他们的信心。他的每一次演讲总能让听者热血沸腾，备受鼓舞。

这样的鼓舞我们可以称为梦想激励。如果一个团队没有梦想，就会变得死气沉沉。团队的激励手段最有效的是大家都朝同一个梦想去努力，这样一来就会让企业梦想大于个人梦想。让一群有价值的人聚在一起，共同铸就属于每一个人的梦想。

阿里集团的张勇在演讲中是这样描述团队梦想的：

我到阿里很快就满9年了，再几天就是整整9年。我在回想我来阿里的第一天是不是梦想驱动，当时没想那么多，只是觉得这是一个好的舞台。电子商务在2007年的时候刚刚开始，淘宝当然已经很有名了，好像未来会更大，会更广阔。谈一个朴素的话题，梦想怎么会有。我坦率地跟大家讲，我来的时候根本没那么大的梦想，只是觉得有一个好的舞台，工作会有光明的未来就好了。但是来了以后，怎么会有梦想，你说今天有没有梦想？我说肯定有，而且我也特别想说，在这个过程当中，梦想怎么来的，一定是在通过不断的工作以后，发现自己工作的结果能够为你所服务的客户、你所服务的消费者，甚至我们一起合作的同事，能够创造价值，这个时候产生了一种奇妙的自我激励，这个时候就来了梦想。

我这样讲，我们的梦想不是喊口号来的，也不是靠一次会议激发来的。我们所有的梦想来自每一天踏踏实实的工作，我们每一天聚焦于一点一滴去为我们的客户、为我们的用户、为我们的合作伙伴，无论是外部还是内部，我们能够创造实实在在的价值。

一家企业的愿景，是企业和员工共同的长期奋斗目标。一个清晰而激动人心的愿景，意味着团队中的每个成员都知道组织未来可能长成的样子，以及自己奋斗的价值和意义。

对于高成长的中小企业来说，企业发展初期的实力有限，但想象空间巨大。

企业的美好愿景，让希望有所作为的年轻人既看到了施展才能的空间，也看到了梦想实现的价值，由此点燃了内心的激情和为之奋斗的动力。

所以，当一个员工加入一个组织或企业，有没有梦想并不重要，重要的是，他在工作的过程中能否看到这个团队中的梦想，看到大家一起努力向前的那种激情和决心。这也是决定一个员工能走多远，一家企业能走多好的根本动力。

为什么有些团队在运作一段时间之后，会出现业绩下滑、团队动势减缓等现象呢？其中一个重要原因，就是团队遭遇到了动力危机。那么，应该怎样克服这种由于目标无望而造成的团队动力危机呢？

首先，是强化梦想，用梦想激励整个团队。事实上，每一个人都会忠实于自己的梦想。一个团队出现动力危机，原因不在于公司、产品、制度，而在于团队成员是否还有勇气继续追求梦想。所以在团队的管理过程中，需要找到每一个人的真正梦想点，并且不断强化他们的梦想。

其次，是在实际的运作过程中不断地调整目标。有很多员工常常在经历了某些激励和感染之后，便草率地喊出口号，制定目标。而这样的目标由于没有进行理性的市场调研，往往不切实际，结果势必经不起市场考验。团队运作不仅仅需要激情和热情，还需要冷静和理性。管理者要客观地对当时的市场状况进行考察，对自身实力进行评估，从而制订出切实可行的方案，并且在实际运作过程中进行适当调整，这比盲目的煽动和激励来得更加有效和实在。

## 赋能维度——尊重是最好的激励

很多企业在带领团队的过程中容易犯管控的错误，而不是对团队赋能。管控是老板说了算，赋能是大家说了算。

用制度管控：老板严厉，公司的规章制度定得非常严格且没有商量的余地。公司规定，每天早上9点必须到公司，如果迟到5分钟之内，每分钟扣1元，如果迟到10分钟之内，每分钟扣5元，如果迟到30分钟之内，按旷工半天处理。下班如果忘记打卡，按早退处理，扣30元。有事要写请假条，如果没有请假条则按旷工处理，扣除3天工资。病假要有三甲医院出具的诊断证明，如果没有证明则按旷工对待。该公司的员工怨声一片，面对如此严厉的考勤制度，每天迟到的人依然不在少数。同时，人力主管的工作并不好做，由于经常有员工病假拿不来医院证明，与员工发生争吵，办公场所弥漫着一种紧张又无奈的情绪。

对员工赋能：老板管理具备弹性，公司的规章制度制订得比较人性化。员工只要把手头工作处理到位，允许迟到早退，甚至在家办公。让员工可以自主决定工作时间，决定工作进度和最终的结果。只要员工能够完成单位指定的工作任务，以电子通信为手段与单位沟通，不规定必须用面对面的方式汇报。

可能大家觉得第二种赋能的方式太过松散，不利于管理，但依我个人对于整个经济社会发展大环境的观察，未来会有越来越多的人不再需要办公室，也不是必须早九晚五打卡上班。公司或许是一个平台，每个人都是这个平台的合作伙伴，而不仅仅是领薪水的员工。如果企业能做到弹性的工作制度，能够允许员工自由安排进度，最终员工也能呈现出工作结果，这就是一种赋能，由制度的约束变成了个人的高度自治。

网飞公司是一个发展非常快的公司，股票的市值短短几年就从1美元涨到了350美元，他们的企业文化就是赋能。

在网飞，没有报销制度和流程。你要报销，自己填个单子就报销了。没有经费审批流程。你要做一件事，要花100万美元，你不需要去审批，自己签字，就能够代表公司把这钱花出去。然后，没有请假制度，你想要休假，哪天休，休几天，随便你，全是你自己安排。没有人会批准你这件事，也没有人会阻止你做这样的事情。然后，公司鼓励员工跟猎头见面。如果员工犹豫，领导会说，你去，至少问问你值多少钱，让他了解猎头的信息。而且，这个公司对于合格的员工，也会开除。因为你仅仅是做到合格，对不起，不可以，我必须得让合格的人走，我才能够留下优秀的人。他们的原则是给予员工最高的市场工资。然后，提高人才的效用密度。

网飞的这种管理模式的形成，源于最初的员工都是一些热血沸腾的年轻人，他们有创造力，有激情和梦想，但就是不喜欢被约束，只要公司给予他们足够的自由和尊重，他们创造出的价值远远比一天8个小时待在公司里创造的要高得多。未来随着互联网的发展，企业中的员工大部分是

"90后"甚至"00后",这些年轻人有个性,自主意识增强,对管理者提出了更高的要求。尤其是对自主和个性的尊重、机会的提供、赋能与发展空间的需求越来越大。为适应人才的新需求,企业要创造更宽松的环境,管理者要有意识地去做一些尝试和改革:

第一,让员工觉得工作有意义,个性被尊重,这样才能更自主地创造价值;

第二,让员工对工作有一种使命感,觉得努力工作的意义不仅仅是为了钱,才能更有意义地创造价值;

第三,让员工拥有不断提高技能的成长环境,并能够让自己的知识和技能跨界整合,有综合作战能力,这样员工才能越干越顺畅;

第四,为员工提供更好的工作场景体验,让员工拥有良好的工作经验,从而激发创新的活力。

能做到这些,或者管理有意识地去这么对待员工,就是逐步从管控向赋能迈进。

管控表现出来的是管理者"自上而下"的策略,管理者指出员工需要怎么做,怎么改变,通常的做法是召开大会,领导和管理者提出一个想要改革的方案,希望各级、各部分积极响应,来一起变革。但现实是,绝大多数被管理者是不能够与管理者站在同一个思维高度的,因此会产生感觉不清晰,对变革充满困惑的现象。其实根本原因是缺乏主人翁意识。

而赋能表现出来的是管理者"自下而上"的策略。比如,放手让前沿团队去做,被"赋能"而产生变革。一个个团队单独行动,也许他们能创新地解决一些迫切问题，短期效果显著，同时能够带动其他部门来效仿，从而产生联动效应。

　　所以，未来的趋势就是用赋能思维代替管控思维，把优秀的人聚在一起，一起做富有成效的事情，而不仅仅是听令于上，假装忙碌而产生不了效能。

#  第三篇
## 逼力系统

# 十一、考核机制

## 向钱看——薪酬激励最实在

巴菲特的商业伙伴查理·芒格谈到激励的力量：联邦快递需要更快的搬运和分拣他们的包裹，所以他们没有按小时支付员工的工资，而是按次支付工资，从而使生产力得到了极大的提高。

其次，上面的例子中，生产力大为提高，就是因为考核方式合适。而考核的奥秘就是要向钱看，用钱去激励员工是最现实的方式，也是最直观的考核，因为没有人会跟钱过不去。但是考核的设计是大有讲究的，如果考核工资太少，员工会不在乎，但考核工资太多的话，成本又会增加。所以，具体要怎么来设计考核呢？

举个最简单的例子，300元的一个工资基数怎么考核？首先需要设计一个考核表，比如满分100分，如果考评达到90分，这个月的考核工资就能领300元，如果这个月的考评分达到80分~90分之间，就拿300元的 80%，240 元。如果他只能达到 70 分，他只能拿 300 元的 50%，也就是 150 元，如果连 70 分都没有达到，考核工资为 0 元。可能看到这里又有人说了，即使扣光也就只有 300 元，员工也不会在乎呀。所以，真正要让绩效考核产生效力，不能只在考核工资上下功夫，而是要把考核的分数测评与他的底薪、分红、奖金等其他收入版块进行挂钩。比如，跟底薪挂钩，如果说他是 3000 元底薪，他考核只得到 70 分，我们只发他 1500 元钱底薪，那么 1500 元钱底薪，加上刚才说的 150 元钱的考核，它就是 1650 元钱。有人问，那这样的话不就违背劳动法了吗？这个时候你只要把所有的工资加到满足当地的最低保障工资，就可以了。当然如果说是 3000 元，他考核分数是 80 分，那按照刚才的算法，就等于 2400 元钱。如果是 2400 元钱，再加上他的 150 元钱，就是明显有了一个差距。如果说，他感觉还是不大怎么办？这时你不仅可以把底薪拿出来做调整，还可以把提成部分加入考核。比如，原来正常情况下他的考核是 90 分以上，他就可以拿满分的提成，比如讲 10%。如果说是他只得到 80 分，他的提成同比例下降到 80%，就只有 8% 了。如果说他只考得 70 分以上，那他的提成就变一半了，从 10% 变成了 5%。如果他是连 70 分都没得到，提成就不发了。所以在这种模式下，就会让我们的考核工资不仅跟考核工资 300 元、500 元钱相挂钩，还可能跟他的底薪相挂钩，提成相挂钩，甚至后面的年终分红，年终奖相挂钩，都是同比例做调整。这样别看只有 300、500 元钱，实际上对它产生的事实影响，可能超过几千元、几万元甚至几十万元，这个时候他还在不在乎呢？当然他肯定要在乎了。这就是我们解决"如果你们家的考核工资定得太少，员工不在乎"这个问题的一种方法。

所以，如果员工不够敬业，不够奉献，往往是逼力系统中的分钱机制出了问题，有的老板认为分钱多就能动力足，这在动力系统上是可行的，但在逼力系统上就不行，这就如同给人看病，好医生能够标本兼治，辨证施治，不高明的医生只会头痛医头脚痛医脚。员工动力不足要找原因，看看是产品不好卖，还是分配机制不对路，又或者是愿力不足，最后还要看是不是管理上的逼力不够严格。

知道了这些问题，才能真正去设计一套针对自己企业的薪酬考核机制。

# 定结果——考评要及时，兑现要迅速

企业制定考核机制，是为了给团队一种可以催逼和激励的状态，使其工作更积极，设定考核的标准，执行考核的过程，最后兑现考核的结果，这是有效考核的过程。其中，重点要注意，对于奖惩结果的兑现要迅速（见图11-1）。很多公司都会对员工的工作成绩进行定期考核，然后根据考核结果给予相应的奖励，但在具体实施考核工作时，公司方要注意考评的及时性和奖励兑现的程度。如果考评不及时，员工会认为公司对考评工作不负责任，将会怀疑考评结果的真实性，尤其是在考评结果没有达到员工的理想水平时，员工都会觉得是公司故意克扣了自己的绩效工资或奖金。即使公司按正常的流程计算出员工的绩效工资或奖金，如果不及时去兑现，也无法消除员工对公司的不满。渐渐地员工就会对公司失去信任。另外，如果考评及时，但公司承诺要兑现给员工的绩效工资或奖金迟迟不发放，也会让员工怀疑公司的财务可能出现了问题，严重时还会使员工产生离职的想法。所以，考评不及时核对或是核对了不及时兑现，都会给员工带来负面情绪，影响公司的声誉和利益，因此，严格的考评可以让员工看到公司做事严谨，令其相信公司的管理，从而变得更加有信心、有决心好好干，提高工作的积极性。及时将绩效工资或奖金兑现给员工，员工拿到实实在在的钱，心情舒畅了，工作起来更顺心，工作效率也会因此提高。

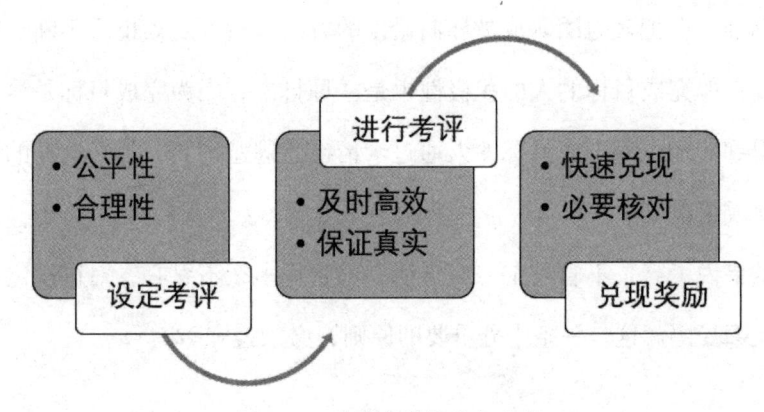

图11-1 有效考核的重点流程

检验考评是不是到位，就是用结果数据来衡量，最终的结果是不能更改的，不论结果如何，对结果的执行都要按之前约定的标准去执行，在执行的过程中通常会出现两种情况：一是由于公司在定标准的时候没有拿捏到位，使绝大多数人超额完成目标，兑现的成本可能会非常高，但没有办法，说出去的话，打碎了牙往肚子里咽，也要坚决地兑现。二是企业前期定的目标,结果到时间了员工没有完成目标,这时候员工如果希望公司网开一面,或者这个员工平时的确非常优秀,也确实是特殊,比如说了大话结果自己的目标没有达成,现在公司要处罚他,有点不近人情一样的。但在这时候即使员工求情,也要坚决按照标准执行,结果这个东西就是钱,没有讨价还价的余地。

如果说规定好的东西都可以变来变去,那这个制度的公平性和权威性就会被动摇。他没有完成业绩而去找借口,把目标不当回事的时候,员工就会想着怎么去降低要求,而不是全力以赴去完成工作。为自己开脱责任的行为,就说明了这个员工是有问题的。

所以,对于奖惩结果的执行,就是考核的标准,如果为了某些人而去修改标准,会把其他团队成员导向错误的方向,后续麻烦也会不断。对于那些真正能完成目标的人的积极性也是一种打击,因为完成目标是尽全力之后得到奖励,完不成目标的人通过求情也能逃避惩罚,那么这样的考核标准就成了虚设。

结果说了算,不管员工怎么求情,不管你多么不忍心,对待规定不允许有丝毫妥协。这是一条十分重要的原则,必须遵守。

# 危机感——积极引导促进良性竞争

企业想要员工实现良性的竞争，并且乐意接受绩效考核，不仅需要利益上的激励，还有引入危机意识，如果团队成员明显感到了危机，那他们的积极性也会更强烈，这也符合管理上著名的"鲶鱼效应"。

鲶鱼效应最初来自渔民的故事，据说挪威人喜欢吃沙丁鱼，但是每次渔民将沙丁鱼从海边运输到市场上的时候，大部分沙丁鱼都会死亡，这样就不能卖到更好的价格了。不过之后出现了一个奇人，他的沙丁鱼运到市场的时候，大部分都是活的，因此很多人都非常好奇到底是怎么做到的？原来他在水中放入了一条鲶鱼。鲶鱼非常活跃，专门以鱼为食，于是鲶鱼放下去之后，沙丁鱼就会到处游窜躲避，从而带动水的动荡，而这就使得水中缺少的氧气能够得到补充，所以沙丁鱼大部分都能得以存活，甚至是活蹦乱跳地被运输到市场上。由此也让人想明白了很多管理上的道理。对于企业管理者来说，引入新的技术和优秀员工，能够刺激公司内部的懈怠员工产生危机意识，使得公司内部员工进行良性竞争，提高公司的整体水平。

在职场中，员工很容易失掉危机感，很多员工会这样想："公司不是我的，工作是一个大工程，做好自己分内的事就够了，何必去想太多"。

企业自驱动系统：机制驱动团队自运营的奥秘

正是因为大部分员工都有这样的想法，才会使得团队中有人开始过安逸的生活，变成"当一天和尚撞一天钟、工作一天赚取一天的薪酬"地混日子状态，日复一日年复一年，看起来这似乎没有太大的问题，实际上却凶险万分。古人说"生于忧患，死于安乐"，一个企业一旦员工都追求安逸，还有什么会比这个更危险的呢？没有危机意识的员工，就如同一个躺在火车轨道上的醉汉，总有一天会被火车碾压。团队中如果这样的员工太多，企业又谈何发展呢？

在竞争激烈的职场上，企业对员工的要求越来越高，能够满足企业要求的员工才能有更大的发展空间，也就是说谁对企业更有价值，谁就是企业所需要的人。价值是一个变量，他随着竞争加剧而打折，一个人在今天的价值可能很高，但如果缺乏危机意识，那明天价值可能就会贬值，价值贬值的结果就是被淘汰，所以，让团队成员时刻保持危机感，是考核机制中的一个必要手段。

从营收的角度来讲，命令不如引导，而引导不如让他们发现危机。很多人不懂这个道理，只是用命令的方式让别人听命于自己，以为这样就是最好的方式，其实这种才是效果最差的做法。一般来说想要自己的员工更加有干劲，想要说服他们努力去工作，依靠太多的工作量或用自己的权力压着他们做的方式往往很难收到成效，这样的做法就是命令式的做法，只会让员工陷入疲惫，同时也容易激起他们的防范情绪，从而让员工走向懈怠，最终不仅没有实现自己的目的，反而适得其反。另一种做法就是利益引导，这样的做法是有效的，用利益去激励员工，他们自然就有干劲了，但是并不是最好的方法。最好的方法，也就是第三种做法，就是使他们有危机感。

在 2007 年的时候，任正非在华为内部进行了一次改革，主要目的也是为了让员工有危机意识。当时任正非要求在华为工作满 8 年的老员工，全部都需要办理主动离职的手续，这一举措涉及了 7000 多人。而这些辞职以后的人，需要再次竞争上岗，然后跟华为重新签订 1 年到 3 年的劳务合同。

当时华为有很多老员工，因为是华为的老人了，所以自然就分到了很可观的股份，只是靠这些股份的分红就已经有非常不错的收入了，所以这些老员工有些人就懈怠了，危机意识缺乏，认为自己可以在华为养老混日子。任正非自然是不希望公司朝着这个方向发展的，所以就有了以上的举动。

当然，任何事物都有两面性，增强员工危机意识时，不能过度地夸大危机，否则可能直接导致员工对危机的"熟视无睹"，甚至还可能会有人员流失的现象发生。

# 淘汰制——末位淘汰激发员工潜力

许多知名企业在激励机制的运用上，会使用"淘汰制"的激励方式，比如，华为每年强制性 10% 的末位淘汰，这样企业才会有新的血液循环。再比如，阿里巴巴一直在实施的"KPI+价值观"双重考核的方式，也就

企业自驱动系统：机制驱动团队自运营的奥秘

是通过末位淘汰制来评估所有的员工。因此，在课上有不少企业管理者问我他们的企业适合不适合用"末位淘汰制"？对于这个问题，我总是告诉他们，具体公司具体分析，淘汰制是一个好的激励手段，但也得分情况使用。

那么，公司该不该实行末位淘汰制呢？在职场上有一个"721法则"，或者叫活力曲线（见图11-2），它是由杰克·韦尔奇提出的，他在自传中讲了一个故事，他说有一个在纽约开服装店的老板，手下有几十个和他朝夕相处的员工，但是员工的干劲不足。所以店铺的生意也非常一般，后来他通过观察发现每一个员工的技能、体力、态度和工作状态是不一样的，所以每个人的效率也是不同的，在这几十个员工中，能干的员工比例在20%，平均的占70%，还有10%是不达标的员工，所以这个老板就尝试每年把末位的10%员工强行淘汰，以增加公司的新鲜血液，他这样做之后，服装店的生意就居然好起来了。后来，人们就把这个案例揭示原理提炼成一个管理法则——活力曲线。

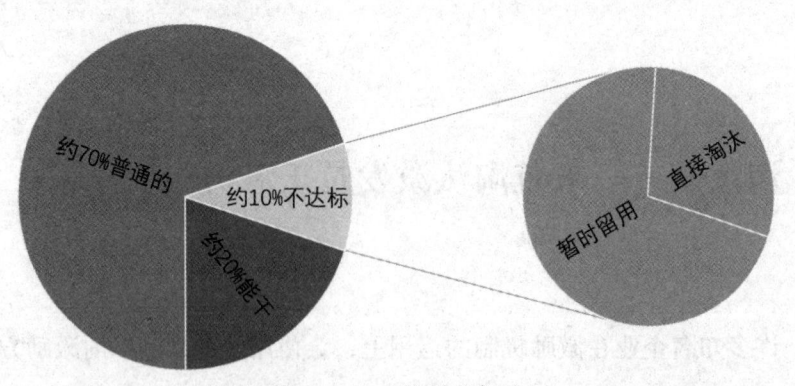

图11-2　721法则示意图

由上述可知，企业必须实行末位淘汰制，很多老板虽然知道这个制度，但是不知道怎么用，事实上采用末位淘汰制可以分几个层次：

第一，分层次淘汰。对做得好的人应该给予鼓励，做得不好的那就必须适当地淘汰。但是在实际的操作中，绝对不能搞一刀切，否则倒霉的一定是基层员工，因此，把这个制度在企业的各个层次都适当展开，让经理主管的各个层级都有人员进行合理的流动，这样才能体现末位淘汰制的公平性。

第二，合理安置被淘汰的人员。对末位员工的淘汰会极大地伤害被淘汰员工的自尊心，尤其是会影响到那些仍然在企业内工作的员工的情绪，对于末位的员工，其实不应该从一开始就放弃对他们的帮助和培训，只有当确定他们最终无法实现快速转变，或者是不能领悟和认同企业价值观的时候，才能让他去转岗、降职或者是走人。实行这个制度时应明确界限，避免形式化，注重实用，竞争淘汰是必须的，但是淘汰周期应主要依据企业的人力资源的素质水平而定，当目标已经达到的时候，末位淘汰制就应该缓行，不能为了淘汰而淘汰。通常来说，末位淘汰的周期最多 1 年 1 次，不可以太频繁，否则就会出现人人自危的状况，而且应注意，末位淘汰的范围一般是小于 5% 的比例为宜。比如，100 个人的企业一次能淘汰 5 个人，当然了这 5 个人并不是均匀分布的，有些部门可能一个也没有，而有些部门可能有多个，应该视具体的情况而定。如果企业能够招聘到非常优秀的人才，那么可以加大淘汰的力度，有些老板狠不下心来，这是不对的，企业不是养老院，更不是慈善机构，能者上庸者下，企业必须要有人员流动，有新来的人刺激公司的老员工，有差的人离开，这样留下来的人才会警惕。铁打的营盘流水的兵，只要保证公司的核心骨干还在，并且不断培养核心骨干的后备队伍，企业就能健康发展。

如何保障团队成员在淘汰制中的一个质量呢？那就要在淘汰机制的设计上下功夫，我们来看一下怎么设计：

对于团队成员的进入和淘汰要划分为三段：第一段15天，第二段3个月，第三段6个月。第一段15天就是把新员工当成一个新兵一样进行训练，比如把公司的业务流程或企业文化等做成一个学习视频或其他类课件，让他们天天去听课，每天8个小时学习。每天要求他们写学习笔记，需要考核，40%的人会在15天内选择离开，因为学习的事很痛苦，尤其是被动的学习，学习的态度能够检验一个人未来的工作态度，看他到底认不认可这个公司。人可以假装工作，但是假装不了学习，这是一种最快速检验一个人的方法。这是第一个阶段，如果通过了15天的考核，就进入了第二个阶段，也就是一个月的考核期。一个月的考核期内，可以考察出新员工对于内部培训的适应程度，把这个过程全部录下来，如果学习热情能够坚持一个月，就顺利进入了第三个阶段，也就是三个月的考核期。再然后就是6个月或一年的考核期。

这种依靠内部销售团队直营的模式里面，非常需要搭建一整套完整的培训体系，新员工进来每个阶段要干什么，都要设计清楚，这是人才的成长体系，也是人才的筛选，优秀的人才都是一层一层筛选出来的，但前提是得给他们设置通路。新员工刚刚进入的时候，对待员工，你考虑的是他的贡献和产出，以及他未来对于整个公司的贡献，这时候你就要去筛选淘汰，尤其是对于新员工，你要保持一个超高的淘汰率。这样，才能保证留下来的都是精英，对于老员工，你要做的是保持超低的流失率。

如果淘汰制运用得好，既能筛选出优秀的新员工，又能留住老员工，同时还能激发员工的潜力。

## 优者胜——晋升激励劳有所得

我们都知道有句话叫"能者多劳"。我觉得在这句后面还要跟一句，多劳就该多得。能者多劳，这是司空见惯的，但是多劳之后多得吗？这不得而知。在市场化分工协作的工作背景下，要想使团队中的能者保持高效工作但组织内部又没有一套与之相符合的制度，那受影响的就不仅仅是能者一方了。

能者多劳，不仅是一条职场潜规则，在家庭内部甚至在一切有组织存在的地方，这似乎都是一种比较常见的现象。人们理所当然地认为，你能干当然要多干一点，久而久之，能者越干越多，越来越辛苦。能者多劳，这一行为的出现是因为个体管理者、组织管理制度等多重因素交互作用导致的客观结果，从能者层面说能者多劳，主要是说能力强的人应该多干，这意味着能力强弱是组织分配工作量的主要标准，虽然能力强弱作为工作量分配的标准有一定的合理性，但如果只以能力强弱作为分配标准，同时又遵循多劳不多得的原则，这就是不合理的。以结果为工作量分配标准，即得到多的人应该多干，得到少的人应该少干。然而因为得到多少往往是事后评价，付出和结果之间并不是线性决定关系，这就决定了用结果标准虽然合适，但可操作性比较低，而想得到多的人多干，想得到少的人少干，一般来说多数人可能都想多得一些，这就意味着首先要多干多付出，在这些人当中有能力强一些的，也有能力弱一些的。能力强一些的，因为成功的可能性更大，所以干事的动机较强，能力弱一些的，因为成功的可能性较小，所以干事的动机就弱。当然能力强弱是相对的，能力较强的人会倾向于做更难的事情，从而获得更大的回报，能力较弱的人会倾向于做简单的工作，从而获得较小的回报，在这种情况下就不是能者多劳，反而是能力弱一些的人多劳，由此可知，能者更有意愿多劳。

从管理者层面，其更习惯于这样的"能者多劳"，通常来说，人才是一个企业的命脉与血液，需要善待人才，让能者能够多得，这才能留住人。企业的所有事情都是人做出来的，因此，人做事的能力，人做事的态度，就决定了企业的产品和服务的质量，也就决定了客户的满意度和忠诚度。

日本松下电器公司，从一个家庭小作坊发展为世界500强公司，并且曾经是日本纳税最高的企业。这家企业的领导人松下幸之助这样认为：本公司是一家生产一流人才的公司，公司先要制造一流人才，然后才能制造一流产品。韩国最好的公司——三星公司，奉行人才第一的经营哲学，公司的人力资源部将超级人才作为公司核心资源级别干部。为了让三星公司成为世界超一流公司，三星明确指示，要付更多的报酬给那些为公司创利的最高层人才。

1名优秀人才，能使10万名普通人受益。10名业余棋手的力量汇集在一起，也战胜不了1名围棋初段选手。被誉为美国最佳老板的福特汽车公司创始人福特，在总结自己的管理之道时大声疾呼：削减员工工资，是不能降低成本的，反而还会增加成本，降低成本的生产管理办法只有一个，那就是为高质量的人工支付较高的报酬。综上所述，在企业经营管理中，人才经营法是企业发展的正道，是竞争制胜的王道。

给予能者多回报，才是对人才的尊重，如果一个企业激励的制度是"干与不干一个样""干多干少一个样""干好干坏都一样"，还怎么能调动员工的积极性呢？多劳者的劳动成果得不到尊重，付出与回报不成比例，多劳者的积极性就会被挫伤，见"闲"思齐的怪现象也就难免会出现。因此，我们必须着手建立公平公正的薪酬分配激励机制，让多劳者多得、少劳者少得，将按劳分配的原则贯彻到底。对多劳者加大培养力度，人尽其才、才尽其用，多给他们压担子、供位子、换脑子，让他们有干头、有甜头、有奔头；对不作为、慢作为的，加大考核督办力度，严格治庸治懒。建立容错纠错机制，明确容错纠错界限，对想干事、能干事者，在界限范围内的错误进行容错免责，让他们卸下"干多错多""试错挨罚"的思想包袱，放开手脚，甩开膀子，在改革发展的大潮中轻装上阵、奋勇前行。

## 激将法——巧用好胜心点燃员工斗志

有句话说,劝将不如激将。如果激将法用得好,还可以燃起员工的斗志。所谓激将法,其实重在一个"激"字,就是明明想让对方去做一件事,却刻意去攻他的弱点,让其因为愤怒或冲动而接受挑战,完成任务。这也是逼力系统中一种可行的激励方法。激将法就是利用人们爱面子的心理,从而为了维护自己的面子和证明自己,能够接下具有挑战性的工作。从相反的角度去刺激对方不服气的情绪,使其产生一种奋发进取的内驱力,如此一来就能把对方的潜能充分发挥出来,实现良好预期,达到其他劝说方法不能奏效的结果。

在团队工作中,不同的员工有不同的心理,但也有共同点,那就是都有逆反心理,越不让干什么偏想干什么,尤其是在气氛激烈的情况下,对于那些脾气急又喜欢争强好胜的人来说,激将法不失为一个好的激励方法。

在我们三度集团有一个小伙伴,他是一个非常有能力的年轻人,但平时工作不太认真,有一天我就对他说:"小锋,这项工作只能交给你了,知道你工作很有能力但就是马虎不认真,但是没有办法现在缺人手,希望你能尽心尽力完成。"听我这么说,小锋同学明显不悦,但却愤愤地回应说:"谁说我马虎?我要让你看到结果。"看着赌气接下任务的小伙伴,我心里暗喜，虽然有一点点伤人家自尊，但却收到了自己想要的效果。而最后的结果也非常好，小锋不但完成得非常漂亮，还得到了客户的好评。

所以，有时候与其苦口婆心去劝说下属，不如给其刺激或贬低，从而激发起对方的自尊心、自信心，获得重新振作。当然，激将法不是拿来就用，是要有策略地用，如果用得不好会产生反效果。具体怎么使用激将法呢？

第一，管理者要有强大的识人本领。在使用激将法之前必须了解你的下属是什么性格的人，如果你的下属性格像张飞，你可以激，如果像关羽，就不要去激。因为前者争强好胜，后者自尊心太强容易被挫伤。另外还要看你的下属能力有多大，思想觉悟有多高，心理偏差有多远，个性潜能能够发挥到哪一层次等，这都是使用激将法的基础，有些人心理承受能力有限，不堪一击，切不可使用激将法。

第二，激将法虽然是去攻其弱点以激发别人的反弹，但还是不能直接说弱点，而要先夸其优点，让对方先产生信心，才有接下来挑战的可能。如果管理者眼中看到的下属全是弱点而没有强项，很容易将激将变成打击，令对方一蹶不振，甚至令有的人变成了死猪不怕开水烫的样子。激将不成反倒成了打击，这是要避免的。

第三，很多人激将，只是把将激起来了，但是却没有一个合适的方法，告诉他你的目的是什么，他就无法按照你的目的来做事情。比如，你想让一个员工完成某个任务。这个时候，你就可以说："就你，肯定完不成这个任务，这个任务的目的是什么什么，你能完成吗？完成了我佩服你，不过呢，你肯定完不成。"在激将的背后要明白自己的真正目的是让被激者去完成任务和目标，千万不要盲目激励。

# 十二、PK机制

## 团队为什么要PK

PK机制，就是在企业经营管理过程中，用机制的理念来运营PK活动，明确PK由哪些版块构成，以及各版块如何紧密配合，使PK成为系统化、标准化、流程化的PK机制，更具有可操作性和可持续性，成为企业管理的有效手段。科学有效的PK机制，对员工、企业和整个团队，都有非常重要的意义。

管理一个团队，就像面对一潭水，管理者都希望这一潭水能激起朵朵浪花，而不是一潭死水。通过有效的机制能够让这潭水变得浪花四溅，但管理方式不对，也会让团队如死水一般没有生机。在管理机制中有一个方法叫PK机制，就是那个让死水变成活水，让员工奋发起来的方法。

为什么要做PK机制？

第一，能够让团队中的强者变得更强，弱一些的通过PK变强。因为PK的过程，就是学习的过程，也是自信心重塑的过程，更是一个双赢的过程，通过PK所有人都能在竞争中快速成长。所以，当管理者发现自己的团队没有激情和动力的时候，就要采用PK机制来拉动士气，就像前面我们讲的动力系统一样，秦国之所以能够统一六国，就是靠PK机制激励出自己军队的强大战斗力，谁能在战场上杀的敌人多，谁得到的奖励就多。

第二，PK是荣誉和能力的象征。当一个人成为PK场上的冠军，大家对其有崇拜，那么就会生出以他为榜样、想去超越他的心态，这样的冠军容易成为团队的导向，能为团队提供目标和动力。因为PK的目标是人为因素产生的，并不是遥不可及或者是领导发的虚幻目标和操作。因为会让所有团队成员看到成功的可能性，所以就会给每个人很大的参与动力。

第三，PK机制的实施，可以使员工从关注薪水转换到关注荣誉。按部就班的工作状态让员工只想着干一个月领薪水，没什么太大的动力。而PK是工作之外的一种荣誉而存在，因此，PK机制会让员工改变工作态度，内心的动力会被激发出来，工作中他会更有成就感和价值感，而且是发自内心去做的，因为从内而外的动力会让员工更有激情与爆发力。

第四，PK机制能促进双方共同成长，PK的过程是博弈，不是为了干倒对方，而是为了取得更好的业绩。在博弈的过程中彼此也是互相学习借鉴和成长的。所以，我们PK的核心不在于输而在于能够成长，就像我们下棋一样，如果你想赢对方，那一定找一个最烂的学员去下棋，如果你想让自己成长，那一定要找一个高手去下棋，这时就算是输了，那其实也是赢。

第五，PK最大的敌人不是对手而是自我，这其实也是对PK成长过程的一个阐述。我们之所以可以成长，不是因为我们战胜了多少对手，做的比别人多好，而是让我们看到自己的成长，看到自己今天做得比昨天更好，这就是PK机制为员工带来的心态转变。如果只能看到别人成功而看不到自己进步，那一定是狭隘的。如果在与别人PK的过程中战胜了自己，才是向成功迈出了最大的一步。

第六，PK是一个让自我蜕变的过程。俗话说，不逼自己一把谁都不知道自己有多优秀。PK的过程就是逼迫自己的过程，是让自己从小肉鸡变成金凤凰的捷径。每个人在成长过程当中，都会有这样一个经历，有时需要几年，或者是十几年甚至是几十年的时间。人生的捷径是该走还得走，通过PK可以让自己全力以赴投入到工作当中去，甚至是不计代价去学习和执行，从而拿出一个让自己都会惊讶的结果出来，这就是PK的神奇之处。所以，我们说PK是一个人快速成长的有效通道。

根据以上六点我们可以看出，企业团队的逼力系统中要设计PK机制，要让员工参与营造氛围，这样可以实现自我突破和促进员工的成长。在整个过程当中，不在于竞争有多狠多高，而在于全员都能参与其中，团队是建立在个人的基础上，每个人成长一小步团队就会成长一大步。一旦PK机制成为激发团队的武器，管理者就会轻松很多，整个团队的效率也会提高很多。

人性中都有"不服输"的一面，PK正好能够满足人们这种争强好胜的心理。PK的过程也是一个"交付"的过程，在一个团队中，老板和员工的最大差别在于老板在负担成本，老板一直在掏钱，而员工没有掏钱；老板把自己的身家性命都压在了企业里，别无选择，所以才会背水一战，才会干不死就会往死干。而员工是人在曹营心在汉，没有掏钱，所以情况不妙就会走人。PK机制的另一大好处在于，让员工掏了钱也就交了心，钱在哪里心在哪里。PK机制、对赌机制，交叉组合使用，会更有妙用。最终都是为了增添员工动力，挖掘员工潜力，使员工的精神始终处于最佳状态。这就是团队为什么要PK的原因。

## PK机制的运用

有句话说，万事俱备只欠东风，在企业中，PK机制有时就是那股东风。我们所有的物料都准备好了，培训也做好了，营销的方案也做好了，启动会也开得很好，但是如果没有运行PK的机制，就不能够激发员工好战的欲望，就不会产生你追我赶的效应，就不会像神奇的东风那样，带来企业想要的良好局面。所以，PK机制的运用非常关键。每个人都有荣誉感，每个人的荣誉感加在一起就是团队的荣誉感，这样才会有团队的爆发力、竞争力，才会为共同的目标而奋斗。企业与企业之间的较量，有对决、竞争、超越，在此过程中，良性的PK让大家可以为了名义、荣誉、尊严而战，证明自己的实力，共同努力达成目标。也能让员工明白，做好就得赢得回报，从而产生强烈的成功的欲望，这样老板才能够安心、省心、放心，所有的人都会达成目标且作出智慧的贡献。这就是PK机制运用的效果。那么，在实际的运用过程中，我们具体要怎么做呢？

以销售为例：

首先，要了解拓客圈的分配比例。在拓客的过程中，首先要有人来购买我们的课程或消费券，未来才能够成为企业的会员。而在售卖课程或票券的过程中非常考验销售的能力和耐力，销售会被拒绝很多次，甚至顾不上吃饭，如果能让他们坚持不懈拿到成果，就必须要有充足的动力。这个动力是什么呢？就是分配比例，比如一个售价为1880元的课程，给销售的提成比例要定好，是20%还是30%，这个提成就是动力。

其次，交纳PK金。比如，普通员工每人100元，顾问200元，店长200元，获胜小组将获得总奖金池的50%，以卖课或卖券的数量及收据为凭作为冠军评比准则，不能弄虚作假，并做好奖惩。如果小组获胜，带组的组长或店长直接奖励现金500元，PK机制的运用必须由店长或顾问亲自带小组，那样才能在PK结束后总结实战经验。

再次，PK组要平均分配参与人员。按照不同职位交PK金组成总奖金池，约定好路演、拓客或者地推的时间，每天拿出总奖金池的50%进行平均分配。另外对于获胜组的组长单独奖励 500 元。

最后，在 PK 之前明确规则，只有提前讲好规则，才能在后面处理问题的时候有可依据的标准。同时，要 PK 也要有底线，不能为了获得奖金，拓客的时候就不择手段，做出伤客行为。

一般团队在选择 PK 机制的时候，有一些操作流程，公司的选择其实可以不限于销售的 PK，还可以有其他方面的 PK 设计，比如：

1. PK 对象：员工与员工、团队与团队、员工与自己上月目标。

2. PK 的指标：月销售业绩、生产量、质量、回款率、成本节约、人员流失率、满勤率、工期等。将根据行业和部门不同，单独讲解。如销售机制、生产机制、餐饮机制等。

3. PK 规则：无规矩不成方圆，在 PK 中也是如此，PK 双方要提前约定比赛的各项重要指标，以及输赢标准、奖惩措施。

4. 比赛周期：一般为月度，PK 周期为不超过 3 个月。

5. 奖励与处罚：奖励与处罚必须事先说明，奖罚钱、或购物、或其他。

6. PK 赌资：一般为一定数额的现金；或购物、或其他。

7. PK 条件：所有的 PK 必须基于相同的规则，不因为个体差异、能力差异而改变 PK 条件。

8. PK 记录：PK 结束后要有 PK 记录（提前做好表格）。填写、交钱、签字、公示。

实施 PK 共有九个步骤，也是 PK 赛里面比较关键的几个节点（见图

12-1）。其实除了这九个步骤，实施一场PK还有大量的细节工作要做。凡事最怕认真，一旦认真了就严格按照这几个步骤去实施，不断去促成这件事情，不断在企业里面造势。中国人讲究顺势而为，你在企业里面把这种事的势能造起来，就能事半功倍，如果没有造出来势那就到处都是阻力，那结果一定是事倍功半的。

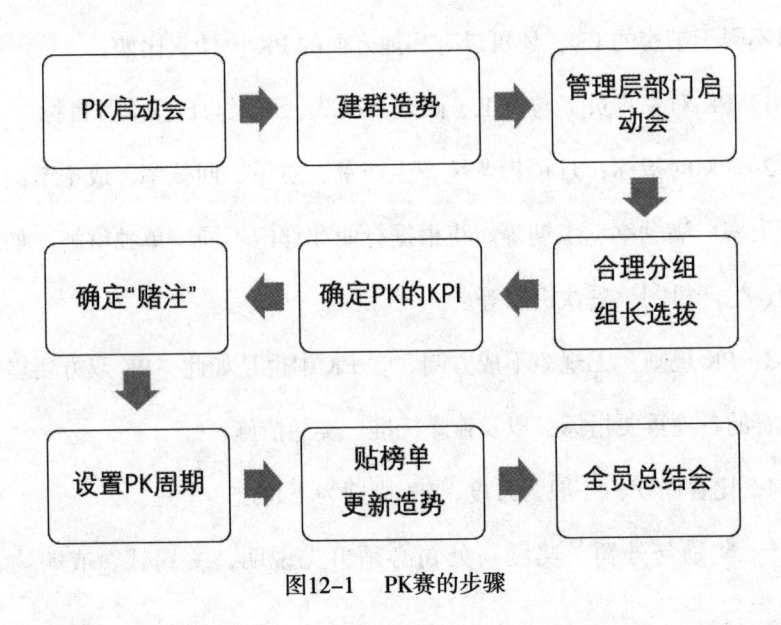

图12-1　PK赛的步骤

这里重点说一下第一个步骤PK启动会——那PK启动会要如何去做呢？我们首先要做管理层启动会。管理层为什么要做这一场PK机制，举一个例子：我们公司会先建一个PK群，在建立这个群之前，老板会带着所有的中层管理、高层管理开会，因为这个PK最后的三个月，我们就定了一个基调是大干90天，欢欢喜喜过大年。首先仪式感一定要做足，很多事情都需要仪式感，企业也需要仪式感，如果没有仪式感就没有思想内涵在里面，员工每天都非常枯燥，你要想着办法用仪式感、新鲜感去激励他们。

在管理层启动造势之后,一个重要的节点就是管理层部门启动会,中层开会之后所有的中层都要知道接下来应该干什么,他们最重要的任务就是下到部门里面开部门会,谁的思想有问题就集中爆破,攻破他,让他知道我们为什么要这么做,做的好处是什么。要把荣誉感激发出来,即使最后输了,但我们也要输人不输阵,我们一定不能让别人看不起我,这个时候就是要保证中层思想没有问题,也初步做了员工的思想工作,这个时候再去开全员的启动会。

员工与员工之间,部门与部门之间,大部门下的队与队之间,都可以进行PK机制,双方承诺:我方赢了,对方奖励我100元,或者物质奖励,同时输方自我惩罚,选一种惩罚方式,如俯卧撑、上下蹲、打扫卫生一星期等,反之亦然。员工为了不让自己输,就会拼命干活,不论最终输赢,双方在约定期限内都全力以赴了,收入自然好。哪怕月月都是输的,对比起没有PK时的自己,状态、业绩、成长是完全不一样的。PK机制让员工在欢乐的追逐中,增加收入、提升自己。敢于参加PK的员工,就是老板需要重点培养和关注的人才。

## PK方式都有哪些

前面我们知道了PK对于团队的激励意义，以及使用PK的流程步骤，那么具体的PK方式有哪些呢？

1. 业绩PK

业绩是所有企业和团队都在追求的目标，公司有业绩员工才能有分红有奖励，所以业绩PK是大部分企业和团队在使用PK激励手段时运用的方式，为了提升业绩一般有日PK、周PK、月PK。其中"日PK"指的是单一指标PK，也就是PK不要太复杂，尽量简单，比如要销售某产品，每日卖多少，收入多少，小组一天能邀请几个VIP加入，员工能卖几张培训课的门票等等，这都可以归为日PK的指标中。"周PK"指的是综合业绩PK，是由日PK业绩通过一周积累而得到的业绩综合分数，比如团队的员工一周卖了多少产品，服务了多少个客户，得到多少收入等。"月PK"指的是综合积分PK，就是通过日PK、周PK、月PK的业绩积累，换算成业绩分。通过业绩积分的形式，企业员工在平常工作就会一直保持战斗状态，公司的月度业绩就不会差，这样也不用等到月底一看报表，发现这个月业绩不行，然后再着急忙慌去冲业绩。

在业绩PK中可以分为个人与个人、小组与小组、店与店、分公司与分公司这样的PK对象进行。也可以分成战队，比如牛气冲天队、尖刀冲锋队等等，这样可以自行定一些有特色，也能激励战队士气的名称。

在奖励上一般可以安排：

个人第一奖励（比如拿全组总业绩提成的1%），比如每队里面有6个人，每个队的组内第一，额外奖励6个人的总业绩乘以1%。相当于公司再另外拿出1个点，把全组的业绩总和的1个点都奖励给第一名。个人第一的奖励实际就是做组内PK，激活组员的PK动力。

获胜队奖励 = 对赌奖金 + 销售提成 + 公司额外奖金。两队PK中获胜的组，我们还会做一些其他机制PK（见图12-2）：

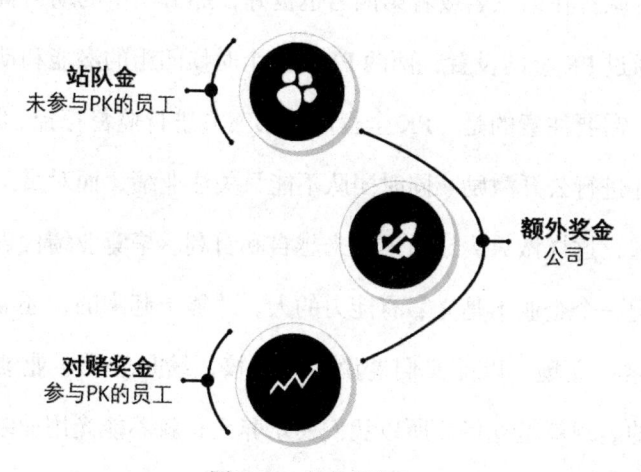

图12-2 其他机制PK

我们用一个例子说明：

比如将销售部12名员工分成尖刀队和勇攀高峰队进行PK，每个队的6个人分别拿出500元对赌奖金，两个队加起来一共6000元来进行业绩

PK。两个队做PK，其他不做业绩的同事，比如人力资源的员工、财务部的员工等等，他们可以选择提供站队金来支持其中一队。假设有5个观众用3000元买尖刀队赢，另外5个观众用3000元买勇攀高峰队赢，两边加在一起就有6000元钱，作为支持两队业绩PK结果的预设站队金。最后，公司额外拿出来6000元用作奖励。那么，这两个队做PK，合计第三方需要收三笔PK金，共计1.8万元。

如果本阶段的PK结果出来之后，是尖刀队赢。那1.8万元全部奖励给尖刀队，这其中有6000元钱要分给最初站队支持尖刀队的同事，剩余的奖金分给获胜的组员，可以按照业绩占比分，也可以平均分配。

用PK金激活团组动力的效果非常好，以前做排名，6个队员工可能觉得自己队排在第三名或者第四名也挺好，那么团组的动力就不是太强烈。但是通过PK金的设置，两两PK，这个时候团组的潜能和动力就被激发出来了。需要注意的是，PK全程需要第三方进行监督把控，保证PK的有效性，并进行公开激励。同时团队不能只关注业绩，而对员工的行为没有任何要求，这样做只会让员工越来越自私自利。毕竟业绩代表的只是员工能力，但一个企业不是光靠有能力的人，才能干起来的，还需要很重要的一个因素：立场。以前我们老说绩效考核，绩是能力、业绩；效是表现，最大的表现就是立场。所以我们要培养人，就不能光用业绩指标来考试，也要有其他维度的考核。

2. 竞争者之间的PK

人类所有的进步都离不开竞争，尤其是高手之间的竞争，更能推动发展和进步。如果团队成员看不到比自己有能力的人，并且形不成你追我赶的局面，其团队成员的战斗士气往往就会懈怠，所以要在团队内搞竞争者之间的PK。只有一对一PK，才能形成员工真正有效的竞争意识，激发他们的潜力。

比如说张三、李四、王五、赵六4个员工，张三一般能卖200张以上的票，李四也能卖200张以上的票，王五能卖100张以上的票，赵六能卖100张以上的票。那我们分组的时候，张三和李四在一个战队，他们两个一定要决战出一个输和赢。那王五和赵六，他们可以作为一个战队。一定要决战出一个第一名。竞争者之间的PK也可以称为两两PK，即与同一岗位的其他人员PK，如业务员和业务员之间可以PK销售收入，业务经理和业务经理之间PK团队业绩，总监和总监之间PK战区业绩和市场占有率，生产车间和生产车间之间可以PK产值、质量合格率。

3. 零差评PK

客户的满意度是很难去做PK的，所以要想做这方面的PK，可以定一个"零差评"的指标来进行。在PK中通过零差评来提升整体的团队营销能力和服务能力，其效果是非常直观的。PK获胜的小组可以发小红旗，上面写上鼓励的话，对失败的组可以发小黑旗。对于这样形式的PK，奖就要让大家心花怒放，罚要让他们觉得有所警醒，领红旗和黑旗都要做仪式，让赢的团队感觉很有尊严，让输的团队感觉非常痛心，从而产生一种有效的危机感。

无论是哪种方式的PK，不只是要有激情、有状态，还要善于总结和分析，到找事物的诀窍、成功的技巧，才能事半功倍。在激励员工做事时，不只是让员工爱干、愿意干，更要有规律地干、有结果地干，做领导的就是要给方向给力量，必要时更要给方法，才能确保达成目标。

# PK操作步骤和注意事项

PK机制作为一种激励手段已经被很多团队使用，大家对它的使用也非常娴熟了，但为了有更好的效果，在使用的过程中还是要注意下操作步骤和相关原则。

一般的步骤如下：

第一步：营造PK的氛围和仪式感

比如可以制作标语和条幅挂在公司的显眼位置，如"春风吹，战鼓擂，我是冠军我怕谁"。还可以制作视觉化内容来增强仪式感和传播的效用，如将PK冠军、榜样的照片、事迹等制作成PPT、视频等在公司进行宣导。每天给PK的人员发送短信或微信公布业绩，以激励其参加PK的积极性，更好地创造业绩。

第二步：进行PK培训

PK结束后，要将PK的过程转化为成果。我们要进行PK培训，找到PK的榜样标杆，进行榜样复制、动作分解和标准化管理。通过一系列的操作，将PK效果在公司内推广。

第三步：签订PK挑战书

PK 挑战书包含的内容要有时间、名称、PK 对象、PK 指标、PK 金额、本人签名和见证人签名。（见图 12-3）

| |
|---|
| 2021年____月____日_____公司团队/个人PK挑战书 |
| PK对象： |
| PK指标： |
| PK金额： |
| 本人签名： |
| 见证人签名： |

图12-3　PK挑战书

第四步：确定 PK 原则

原则一，要成就员工。PK 能提高业绩和工作质量，但更重要的作用是成就员工。许多人喜欢在 PK 现场煽风点火，不切实际地刺激员工增加目标，美其名曰是为了增加气氛，但要注意这样的目标真的能完成吗？是否会偏离 PK 的初衷？

原则二，筹码可接受（不一定是钱，可多样化，一定要掌控好"度"，不可过分）；站在公司立场，PK 不是玩文字游戏，PK 的奖罚也必须可操作，而且可以监督。输的一方获得一些体验不太好但让其印象深刻且无伤大雅的惩罚，如吃苦瓜、爬楼梯、打扫卫生、"充电"等。赢的一方可获得一些体验好且仪式感强的奖励，如看电影、假期、住酒店、旅游等。

原则三，PK 的数量刚导入时，原则上不超过 3 个，形成 PK 文化氛围后再增加。领导及干部要以身作则，烘托氛围，核心领导亲自参与 PK，与全公司 PK。

原则四，要提前确定好 PK 方式与项目，如是正 PK 还是反 PK，PK

的内容和要求是什么，PK 的对象是谁。PK 的方式有 A、B、C 三种。

A：正 PK

1）个人 VS 个人 100：100

2）团队（部门）VS 团队（部门）300：300

3）个人 VS 领导 200：500

4）团队（部门）VS 领导 500：2000

B：反 PK

采用反 PK 的方式时，相应的内容和数量必须翻倍。

举例：小王 PK 小李后，小李后面又要 PK 小王

C：刚开始 PK 时，领导可先让员工赢（故意让对方赢），后期可以增加。

注：A 和 B 两种方式要求同时期、同项目、同阶段，同时要注意目标完成率、满意度。

第五步：PK 思想要统一

1.首先必须确保公司老板及中高层对 PK 的高度认可和坚如磐石支持的决心，不可半途而废；

2.PK 前应开管理者会，动员主管带头 PK，提前策划好 PK 的方案，要求下属敢于 PK；

3.提前与公司的领军人物沟通，在 PK 会上安排其相互进行 PK，并慢慢影响（要求）员工 PK；

第六步：PK 监督并坚持

1.越重要越重大的项目，其 PK 周期越长，其监督人也越重要，需要监督人学会在长周期内鼓励 PK 参与者的干劲，以保证 PK 的顺利及有效进行；

2.监督人一定是第三方，不能是参与 PK 项目的人；

3.当公司 PK 项目较少时，内容简单时，互相监督即可；

4.分时段落实，从高层往基层逐步化推进；

5.坚持才是王道，不能轻言放弃。

第七步：总结

PK 结束后，无论结果是成功还是失败，此时除了兑现奖惩，更重要的是总结，成功的经验要总结，失败了，更要总结。这里总结了很多企业 PK 失败的几大原因：

1.老板高管不够坚定，重视度不够。

2.没有循序渐进地推进，且没有坚持。

3.PK 的方式老套，没有吸引力。

4.PK 的方式过激或软弱无力。

5.没有形成好的 PK 氛围。

6.不敢对破坏者实施"硬的手段"。

7.有些员工积极性不强，他们不理解也不了解 PK 的目的和意义，因为企业一开始没有讲清楚为什么要 PK。

# 十三、对赌机制

## 什么是对赌机制

所谓的对赌机制,就是以小微组织为基本单元,建立对赌协议,承诺目标价值及分享空间。在达成对赌目标后,小微组织按约定分享对赌价值,并可在小微组织内自主分配到小微成员,享有的高度自主经营权和分享权,激发员工的积极性和主人翁意识,从而驱动小微组织的持续发展,实现企业、员工双赢。说得更简单一些,对赌机制就是员工或团队及公司分别拿出一部分钱,定一个目标,完成了目标,那么赢的员工和团队分钱,输了钱归公司作为日常支出。

对赌机制让"老板和员工的战争"变成"员工和业绩的战争""员工和员工的竞争",当员工认为自己的利益可以靠自己的努力争取到,自己的努力不只是为了老板时,员工的积极性立马就提高了。

我们来看看什么是对赌,举几个例子:

## 第三篇 逼力系统

有一个传统服装企业，公司的员工有几千人，每年的业绩并不好，属于那种不温不火的企业。后来采用了对赌机制，由管理层提议，让员工与公司签"对赌协议"。协议规定各部门设立任务目标，部门主管和员工自掏一笔钱作押金，如能完成指标，公司将以1∶2的比例发放双倍收益给员工，如不能完成，押金将归公司所有。第一次对赌只有200个员工参加，很多一线员工每人掏了一两百元对赌金。结果对赌刚开始的一个月，业绩就产生了变化，一个做女装的生产线，其生产效率在一个月里提高了25%，一个持续十几年的老生产线竟然有了这样的惊人改变。其实，对赌机制带来的变化不止这些，还有其他方面。

对于员工而言，服装企业是计件工资，过去一线工人平均月薪在3500元左右，而现在已经涨到月薪4100元，还不用加班。对于企业而言，员工积极性高了。原本9月份该交的货，现在7月份就赶出来了，半年增收5000万元，预计到年底业绩会翻一番，比去年上升15%；工资高于行业平均水平，员工就不想跳槽了，还省下了一笔招聘成本。老板感叹："这是双赢的模式，让老板解放，员工绽放！"

还有一家公司是做医疗器械的，公司员工的整体氛围不错，但并不是很有激情。各个部门都是各人自扫门前雪，对其他部门的支持相对不多。后来运用对赌机制，15个员工掏50万元的对赌金来赌公司的200万元，目前是实现全年销售额过4亿元，因为公司连续三年的销售额都只有3亿元多一点，如果突破4亿元，对公司来说就是突破了瓶颈。由于大家掏了自己的钱放在了对赌的总奖励池，所以工作的激情一下子就被点燃了，经过两个销售旺季的奋斗，销售额不但突破了4亿元，还达到了4.6亿元的

173

## 企业自驱动系统：机制驱动团队自运营的奥秘

好成绩，比之前迈出了很大的一步。由于销售额的提升，使得生产部门的激情也被调动了起来，其他部门对这个对赌机制都产生了好感，于是从最初的大部分选择观望，到最后都主动加入了对赌机制中。学了机制后，公司每一个员工都能自主化、市场化。每个员工都明白了，自己就是自己工作的老板，自己要想办法把工作做好。就这样，员工的主动性完全被调动起来了。在这个对赌的氛围里，不管谁输谁赢，每个参与方都会非常开心，大家都尽了最大的努力，业绩肯定增长。而且，最关键的是团队里每个成员的心劲儿起来了，大家不仅玩得很开心，还有钱拿。

这就是对赌机制的魅力。再来看看海尔公司对赌机制的使用。

在"海尔做平台，员工当创客"的经营模式中，就有对赌机制很大的功劳。不少企业都在做经营体，即把部门变成模拟公司，下放三权（财权、人权、事权），但鲜有成功者。其原因在于，当企业把部门变成了模拟公司之后，企业变成了单纯的财务投资者，经营体能否成功，完全取决于经营者的表现，而企业对此完全没有风险控制。如果等看到糟糕的财务报表，再来作出反应，那自然是为时已晚。面对这种情况，海尔的解决方案就是，在每一个阶段都为创客及小微组织单元（更加具有自主权的经营体）设计独特的激励方案，确保激励与业绩相容。

在初生期，创客拿基本酬（生活费），比原来在职时的薪酬大大降低了；在成长期，创客拿"基本酬+对赌酬"，对赌酬来自每个阶段对于业绩的贡献；在成熟期，创客可以投钱占银股，在基本酬、对赌酬之外获取超利分享；在外部资本进入后，创客的股份则变成"实股"，真正成为事业的主人。

也就是说，在每个阶段，创客都有风险，海尔也有风险，大家都必须努力，不然谁都没有利益。然而，一旦出现对赌业绩不能达标，小微组织单元则会散去，新的创客会来"抢入"小微组织单元的订单。任务订单不能变，但人可以变，实在不行，就用"高酬"引来"高人"做"高单"。

另外，要求大家签订对赌协议。

在科层制里，经营是领导的事情，员工只是接受管理。经营的风险由领导承担，而员工则负责完成管理上规定自己完成的动作。经营的结果体现在财报上，而管理的结果则用"MBO+KPI"来衡量，前者清晰明了，但后者相当模糊。如此一来，员工自然不会去关心企业的经营业绩，以至于好多老板抱怨自己实在太辛苦，要靠自己"扛"起整个企业。

于是，海尔让负责交互用户的小微组织单元与平台风控部门（称为"三自"，即自创业、自组织、自驱动）签订对赌协议，达到要求后才能获得"薪酬包"。而后，用户小微组织单元与供应链、研发、设计、生产等节点小微组织单元签订对赌协议，将风险进行转嫁，他们也必须达到要求才能获得"薪酬包"。如此一来，所有人的身上背负的都不是模糊的KPI，而是关键的成果。这些关键的成果共同组成了小微生态圈的经营结果，而且互相之间的关系是强关联，是一荣俱荣、一损俱损。

## 对赌机制的运用

人的疯狂与潜能是被逼出来的，加之每个人都有好胜的内在天性，所以对赌机制是制造激情的最好手段，尤其是参与对赌的人押上了自己的钱之后，那种感觉就变了，从之前的不温不火变得"我决不服输"，人一旦有了这样的劲头，做事效率就会明显不同。具体来说对赌机制要如何运用呢？

第一，明确对手。如果决定要参加对赌，十分钟以内自由找到自己的对手。如果没有对手，也可以内部随机匹配，以双方的标准明确对赌的筹码。比如在征求大家的同意后，老板来拍板筹码形式。一般有经济筹码和服从筹码两种。经济筹码指的是输的一方要接受处罚，一般是自己的对赌金拿不回来，作为奖金给了赢的一方。服从筹码指的是输的一方，最后要给赢的一方打扫卫生、请吃饭等。还可以设计其他的筹码，比如对赌的奖品如电脑、电动车、手机、电子产品等。当月业绩最高者可以获得奖金、奖品、鲜花和掌声，业绩最差的，会得到比如像前面我们说的黑旗或狗熊旗，甚至还会被喝倒彩。

第二，设定 PK 对象和具体金额。

1. 团队内部：选择 PK 对象。比如 A 与 B 进行业绩 PK，双方都得拿出 100 元（可自己设定）月底考核，A 完成任务比 B 完成的高，A 得 B 的 100 元，另外公司参与也可选择奖励 30%。

2. 团队之间：两个团队进行 PK。比如 A 团队与 B 团队进行 PK，双方各拿出 PK 金额 1000 元（可自己设定）月底考核，A 团队完成任务比 B 团队完成的高，A 团队得 B 团队的 1000 元，另外公司参与也可选择奖励 30%。

3. 个人与公司对赌。需要双方签对赌协议，比如 A 承诺与公司对赌，在月底之前达到 1 个会员 5 个代理，并拿出 200 元（根据实际情况设定）与公司对赌，月底考核，如果完成目标，则公司返还 200 元对赌资金，并双倍给予奖励。

4. 底薪减半制度。比如 A 承诺在月底完成 100 万元（可更改）的交易量，本月拿全部底薪，如果完成了，公司按照 50%（可更改）的提成多给，且底薪全额发放，如果完不成任务，则本月的底薪拿一半。

第三，针对超预期完成任务的情况设置奖励。设计的对赌机制中，还要在原有的绩效工资上加一个超预期完成任务的奖励，可以称之为超预期奖金。比如对赌的时间是一个月，但在没到一个月的时间提前完成了任务的人，可以得到一定比例的超预期奖金。超预期奖金针对当月超额完成任务或者表现突出的事件来奖励，因此，在对赌设计环节，可以约定好超预期的目标，一般可以设定的目标为 1~2 个，作为团队重点推进的工作。

第四，对赌之前协商好目标营业额和赔率等。如果是门店和员工之间进行的对赌，可以通过内部集资赌金。一个月后，对照营业额和之前的约定细则做出结算。如果门店赢了，则从该门店该月的净利润中拿出钱来奖给员工；如果门店没有达到目标营业额，则之前门店筹集的"赌金"就得上交公司（见图13-1）。

举个例子，假设老板和门店协定好这个月的目标营业额是100万元，对赌金额是5000元，以5万元为一等级，盈利超过一级，"赔率"翻倍。如果一个月之后，门店的营业额是100万元，"赔率"为1:1，该门店能得到5000元的奖励；营业额为105万元的话，赔率为1:2，该门店能得到1万元的奖励；营业额为110万元的话，赔率为1:3，该门店能得到1.5万元的奖励。

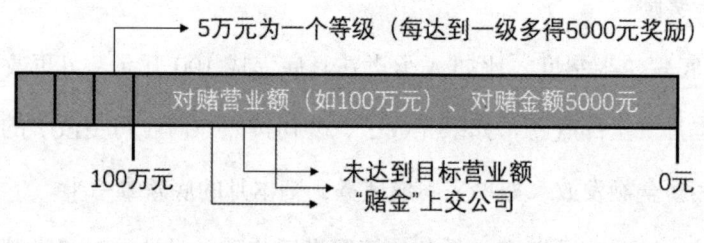

图13-1 对赌的营业额设定

对赌机制的另外一个内容就是门店之间的相互对赌PK，但是PK的项目主要以门店的各种经营指标为主，比如营业额增长率等。核心设计就是：想要提升什么就让门店PK什么。当然，最好是把具体的经营指标拿出来PK，这样才能促使各门店积极提升管理水平，从而优化企业或门店的经营管理。

## 对赌机制，赌的是人性

对赌机制表面上看是参与对赌的人掏了钱，所以很多人以为对赌机制赌的就是钱，其实不然。对赌机制之所以能够起到激励作用，不完全是因为钱，它更多的赌的是人性。有位朋友中年发福，一直想减肥但却迟迟不行动，真可谓是"口头上的巨人，行动上的矮子"。结果与几个朋友约赌以后，他的减肥行动反倒坚持下来了。原来，他跟几个好朋友约定好，每个人拿出 2000 元放在一个公共的奖金池里，只要每次去一次健身房，就可以从奖金池中拿走一百。如果率先去过了 20 次，就能把全部的 2000 元拿回来，如果超过了 20 次，就可以拿别人的钱了。反过来，如果没去够次数，那自己的钱肯定就归别人了。

这样的对赌就是健身房推出来的以小博大的对赌机制，生活中，有很多事情都是抓住了人们的这种心理。一切商业最后都跟人性有关，大部分的商业逻辑都暗藏着人性，比如说美图秀秀，为的是满足你的社交圈秀美美自拍的虚荣心；直播匿名社交，满足的是大家的窥私欲。有需求，自然就会有满足需求的机制，而对赌机制就是一种满足人性需求而设置的激励机制。

为什么这么说呢？第一，当我们掏一笔钱放在公共奖金池中的时候，就等于付出了一笔沉没成本，如果你不去那你的钱就没了，这等于对你的行动起到了正面的激励作用。第二，刚拿到了奖金，收回了一部分的本金，这其实就是损失规避。遇到损失的痛苦往往比收获的喜悦让人更有行动力，也印象更深刻。第三，赌输了也会从另一个角度来看问题，比如赌是为了激发自己的斗志。这样综合分析下来，对赌机制中参与方的赢面很大，激励效果也很明显。

那么，在现实的商业世界里面，我们又该怎么去把对赌机制做好呢？

第一，学会跟新用户去对赌。现在好多企业懂得用社群去培养用户，但遗憾的是，他们往往只是把用户圈起来，但并没有养起来。要知道，养好用户才能最终促进消费，而养好用户的前提就是让你的用户群保持活跃，这就需要去挖掘潜在用户的痒点。比如说，你是卖运动产品的，可以针对那些想锻炼身体，但又坚持不下来的人去建立一个社群，接下来先帮助这些人培养运动习惯，让每个人拿出一笔钱作为跑步奖金，坚持每天跑步打卡，就能拿回本金。少跑几天，就要扣除几天的奖金，最后再由坚持下来的人去瓜分那边的罚款。实际上，这赌的就是用户坚持的决心。现在不少机构都在使用这种方法，比如那些要求每天学习打卡、健身打卡等形式的商家采用的就是这样的思路。

第二，和用户对赌，把用户培养成会员，需要放长线钓大鱼，这有两种方法。

第1种方法，利用可退服务费去吸引会员，赌人的惰性和物流的时间，有一家图书馆他们就曾经推出一个活动，只要会员价129元钱，就能成为该图书馆一个月的会员。在一个月时间里，该图书馆推出一本书，会员读完了寄回去就能收到第 2 本书，以此类推，一个月最多可以收到 4 本书，如果读者能在结束的时候寄回第 4 本书，那服务费就退回，估计一开始，大多数人都会是冲着免费看 4 本书去办会员卡的，但最终能坚持下来的没有几个人。

第 2 种方法，不用可退的年费，赌大家的占便宜心理。有一家健身房的做法就很聪明，他要求会员一次性交年费 5000 元，如果一年内去够 300 次健身房把 5000 元钱还给你，但是少来一次，就要扣掉 50 元，假如你来够 200 次，那 5000 元钱全部不收。听上去好像挺划算的，多运动还能多赚钱，但实际上很多人都难占到商家的这个便宜。所以第一，赌的是用户来不来，那万一大家都来过 300 次，岂不是这家健身房要赔死；第二，赌的是用户消费其他产品或者课程，只要圈住了大家的时间，那延续消费自然不在话下。

第三，我们跟员工对赌，现实当中就有不少企业选择利用对赌的方式激励员工，勇创佳绩，当然首先需要企业在对赌的金额设定上，有很好的激励，员工创造的利润越大，获得公司对赌的金额也越大，最后到了设定的期限，双方一定要愿赌服输，这种对赌的模式，实际上是鼓励员工多劳多得，同时把自己的切身利益和公司收益进行捆绑，实现员工和企业共赢。当然，在进行这种对赌时，我们还要注意两点，要不然这种激励反而会被员工认为是一种压榨。第一，根据员工个人意愿进行对赌，否则没有意义。如果员工愿意接受对赌，要设置他们可接受的对赌金额以及期限。第二，要区分保健因素和激励因素，所谓保健因素是员工应得的，比如说承诺的福利、公司职权等，而激励因素是员工意外获得的，比如说奖金，奖品。

　　毫无疑问，对赌的押金必须是多出来的奖金和奖品，这样才能达到预期的激励效果，总结起来，对赌实际上赌的不是钱，而是人性，是企业和用户之间的博弈，是企业和员工之间的较量，更是一种值得大家借鉴的销售管理手段。时代是始终在变化的，商业环境也是如此，为了有更好的发展，在设计激励机制时，也需要我们各自发散思维，去构建更加完善的、适合企业的对赌机制。

# 附录

对我们小微企业来说，更需要这样一个综合性的激励方案。包老师的方案非常系统、完整，而且足够实操和落地。对我们健康行业来说，自驱动系统就像中医解决病情一样，能实现对企业管理"治本"的效果，它抓住了人的本性去做，而不是简单拿一个指标、数据去解决问题。

我们现在有3家直营校区和一家2000平方米的旗舰总校区，团队从4个人发展到现在50多人。我们的课程体系主要是做儿童青少年阅读、文学阅读课、阅读理解课、写作方法课，致力于让孩子养成受益一生的阅读好习惯。在企业的发展当中，不仅仅要有流量，更重要的是要有系统。在书院发展的过程当中，系统的力量非常重要，怎样让员工自动自发，让老板不要那么辛苦，校长不要那么辛苦，然后业绩还能不断地上升，在这个过程当中自驱动系统是非常重要的。

企业自驱动系统，对于小微企业来讲很落地，通过一些实用工具的导入、表格的导入，让大家一学就能用，用了之后就能有成果。很多的时候，我们知道怎么收钱，但是不知道如何分钱。学了自驱动系统，我们明白了分红应该怎么做，学会使用日分红、月分红、年分红来进行激励。对于小微企业来讲，这套系统非常实用。

### 企业自驱动系统：机制驱动团队自运营的奥秘

学习企业自驱动系统之后，我们先把绩效考核理了出来，比如月度的绩效考核能直接跟年终奖挂钩，跟年度的超额分红挂钩，月超额分红也可以挂钩，绩效考核内容，对企业管理帮助蛮大的。整个公司像是坐上了一个成长的推动器。现在即使领导不在公司，各个部门也能运行得很好，因为有PK机制，员工每天都是兴致勃勃、斗志昂扬，会自发地去工作。

——山东临沂赋成书院董事长　宋丽玲

---

我们企业的整个工作流程在以前是比较粗糙的，学了自驱动系统后，我们给每个工作流程细致地制订了节能降耗的方案，然后注入每个员工的工作流程当中，通过这一个环节，企业每天的增长率、利润大约提高了两个点。

我们企业的员工大都是十几年的老员工，大家对于工作的节奏、工作的流程、工作管理模式，一直都是按部就班，但是引入PK机制后，员工们的工作激情被点燃了，在员工与员工之间，团队跟团队之间，我们店跟别的店之间通过PK，企业过去一年的业绩增长了26%。我们单店的充值PK，15天的营业额超过了目标金额将近80万元。到现在为止我们还一直保留着PK机制，效果非常明显。

通过学习自驱动系统，管理者们知道了如何架构组织、搭建铁班底。通过搭建铁班底，也教会管理者怎么去看人、用人，怎么跟员工达成同频、同心、同德，一起往前走。

自驱动系统最大的优势就是顺应我们当下企业管理的实际。它能够更加具体有效地让我们看到数字量化这种管理机制，是非常适合每一个行业的。

——山东平衡餐饮公司董事长　王仕军

---

　　动力系统、愿力系统以及逼力系统三大维度结合一体的时候，我们才能将企业以及我们的品牌做大做强，才能将我们的团队打造成为一个狼性的团队。

　　企业自驱动系统打通的不是某一个点，而是整个系统，从人工绩效到业绩考核，到团队的凝聚力等等，这些维度全部打通。

——银川 Lisa 咖啡创始人　魏妞

---

　　自从使用了自驱动系统，我们公司最大的改变就是员工的积极性不一样了。财务核算起来，对于绩效考核会更加明确一些，包括员工每个月的目标，他们会更加清晰。员工对于工资计算，包括每个月自己能够额外多赚多少钱，员工心里会算得很清楚。而且最关键的一点就是对公司各方面的节能、节耗，员工比老板都把控到位，自从运用了自驱动系统之后，员工对于每个细节把控得都非常好。

我们对于企业未来的运营和发展，以及以前工作上存在着很多琐碎的事，可以通过机制来规避，让我们有更多的精力去谋发展，而不是把精力浪费在一些琐碎的事情上面。

——江苏扬州鹏程美业　吴一冉

---

股权激励方案用在我们公司的经营中，效果特别好。比如我们公司用的身股，然后还用了期权，用"金手铐"的方法把我们的高层管理人员拴住、留住，效果非常好。

自驱动系统激发了员工内在的积极性，而不是像以前那样流于形式，以前是看上去他们都很努力，但实际上效果都不是很好。通过这样实施完毕之后，员工们的精神状态非常好，而且工作不再流于形式了，效益有了非常大的改观和提升。而且最重要的是，在这个落地使用的过程中，股东获得了利润，员工获得了效益，让他们在努力的过程中，真正看到了凭自己的真才实干获得回报的那种成就感。

学会了自驱动系统，等于学会了真正的管理。不仅是用在管理企业员工方面，还可以运用在经营家庭和亲子教育子方面。

——鹰爸公学董事长　何烈胜

作为公司负责人，怎么带好团队，怎么激励团队的积极性，并让自己的团队产生自动自发努力的效果，这是多少管理者想要实现的梦想。员工怎么能够自主自发呢？靠的就是一套行之有效的管理机制。企业自驱动系统既有激励又有愿力，能把员工的积极性彻底激发出来。这对公司里的各个部门，不管是售后、行政、后勤、财务，还是辅助部门，都会有很大的帮助。

第一，从公司老板层面来讲，自驱动系统是教企业怎样用人的一个底层逻辑，是公司负责人必须掌握的，或者说要尽可能多了解的东西。要多了解怎样去正能量、正向地激励、鼓励，所以，这样的系统既是术又是道，是从思维上提升企业管理的认知与格局。最后才能让方法得以顺利执行。

第二，对高管团队来讲，企业自驱动系统的学习让他们知道老板需要什么样的人才，而且作为他们来讲，他可以知道他们自己如何做才能提升能力，不断取得进步。高管需要同老板同频，用老板的心态来处理问题，而不仅仅只是打工的思维。当一个团队老板具备了更高的格局，中层用高层的思维，那么整个团队就能节节攀高了。

——上海卓致力天科技发展有限公司　张玮

我们把学到的最基本的薪酬体系设计提成的机制、PK的机制导入到自己的团队，取得了非常显著的成果。我们公司从之前一家店年营业额200

## 企业自驱动系统：机制驱动团队自运营的奥秘

万元，到现在一年的营业额已经能做到 2000 万~3000 万元。企业自驱动系统基本上能对应和落实到我们员工，以及我们所有日常工作当中每一步的设定，不仅成就了员工，同时让员工跟公司更紧密地结合在一起。老板跟员工之间，从之前单纯的雇佣关系，变得更像是合作伙伴关系，团队变成了平台老板与员工互相成就的组织。真正让员工获得他所要的，同时也让老板解放，让企业腾飞。

——江西芭美生物科技有限公司　钟珍珍

企业自驱动系统更多的着手点是员工激励，包括节流、节约、增效，还有一些业绩的增长，实际上各个板块都有，包老师说"出现问题找机制，没有机制定机制"，它实际上是全维度打通的，更多的是一套思维。

我觉得做企业，搞管理，带团队，会遇到各种各样的问题，企业就是不断发现和解决问题、迭代问题、升级问题，再到发现和解决问题的过程。你只有相信、坚持、持续把一个企业打造成学习型组织，跟一个学习型平台共同成长，共同发展，这才是长久的解决之道。

企业要想实现业绩倍增、业绩暴涨、老板身心解放，需要企业家们抽出更多的时间学习，老板学习，高管学习，把自己的团队打造成学习型组织，才会有更高的能力和水平来应对未来不确定的各种因素。

——南通森源展示展览公司董事长　朱平龙

企业自驱动系统带给我们企业最大的收获是在团队管理上有了很大的进步，尤其是落实了以后，员工自发的那种努力，以及他的愿景、价值观得到了很大程度的提高。作为一个企业家，首先自己要有动力、愿力、逼力，因为该系统的核心就是打通老板思维，只有我们自己成长了，我们所学到的东西带到企业里面去，才能够让整个企业、整个团队一起成长。

该系统有两大优点：第一，简单实效，非常落地；第二，有实用工具，拿着工具回家就可以直接落地使用。

——江苏莱博商务酒店有限公司　朱亚红